浙江外国语学院博达丛书

浙江外国语学院"博达青年教师科研提升专项计划项目"资助

OUZHOU GUOJIA CHENGSHI GUOJIHUA
JI QI DUI HANGZHOU QISHI YANJIU

欧洲国家城市国际化及其对杭州启示研究

U0744135

张禄彭 张 硕 等◎著

浙江工商大学出版社 杭州
ZHEJIANG GONGSHANG UNIVERSITY PRESS

图书在版编目（CIP）数据

欧洲国家城市国际化及其对杭州启示研究 / 张禄彭，
张硕著 . — 杭州：浙江工商大学出版社，2021.12
ISBN 978-7-5178-4774-8

Ⅰ . ①欧… Ⅱ . ①张… ②张… Ⅲ . ①城市—国际化
—研究—欧洲 ②城市建设—研究—欧洲 Ⅳ . ① F299.5
② F299.275.51

中国版本图书馆 CIP 数据核字（2021）第 270427 号

欧洲国家城市国际化及其对杭州启示研究
OUZHOU GUOJIA CHENGSHI GUOJIHUA JI QI DUI HANGZHOU QISHI YANJIU
张禄彭　张　硕　等著

责任编辑	王　琼
封面设计	浙信文化
责任校对	夏湘娣
责任印制	包建辉
出版发行	浙江工商大学出版社
	（杭州市教工路 198 号　邮政编码 310012）
	（E-mail：zjgsupress@163.com）
	（网址：http：//www.zjgsupress.com）
	电话：0571-88904980，88831806（传真）
排　　版	杭州市拱墅区冰橘平面设计工作室
印　　刷	杭州宏雅印刷有限公司
开　　本	710mm×1000mm　1/16
印　　张	12.5
字　　数	165 千
版 印 次	2021 年 12 月第 1 版　2021 年 12 月第 1 次印刷
书　　号	ISBN 978-7-5178-4774-8
定　　价	48.00 元

撰 写 团 队

张禄彭 张 硕 孟亚莉 沈 璐 甘 甜

Aleksandra Jadziewicz（波兰）

Jiří Plucar 路越嘉（捷克）

前言

　　随着国际化浪潮席卷全球，国家的发展越来越依赖其重要城市的国际化建设。在此大背景下，近年来，城市国际化研究成为我国多个区域中心城市关注的重点课题。2018 年 8 月 1 日《杭州市城市国际化促进条例》（以下简称《条例》）的正式实施和 2018 年 9 月 5 日"杭州国际日"的确定，标志着杭州正以快速的国际化发展趋势步入"后 G20"时代。

　　杭州市《条例》的实施是以地方性法规促进城市国际化的有益尝试。2018 年在杭州召开的第二届杭州城市国际化高峰论坛，确立了"全面对外开放，提升城市能级"的会议主题，开启了杭州未来国际化发展大趋势的新时代。《杭州城市国际化发展报告（2017）》对探索新形势下的杭州城市国际化发展的新举措、提升杭州在长三角一体化发展中的城市能级、挖掘城市创意文化资源等问题进行了深入的讨论。

　　本研究正是在贯彻浙江外国语学院国际化、应用型高校建设战略的背景下，响应学校"十三五"战略规划和"一院三中心"发展规划，以相关政府机关、浙江省社科联、校科研部门的现实任务为牵引，立足于服务杭州的城市国际化建设，基于浙江外国语学院西方语言文化学院现有欧洲非通用语种专业人才的资源整合和协同配合而形成的。我们调动和整合西语学院现有多个语种的人才力量，各语种成员发挥自己的专业优势，分析介绍对象国城市国际化发展情况，有利于地方政府、企业和社会各界了解欧洲对象国国际化城市的政策、策略和文化，更好地服务浙江省杭州市政、企与欧洲国际化城市的交流合作。

本书面向欧洲非通用语种国家的国际化城市，展开多维度的分析研究。本书在相关理论的基础上，从国际化城市发展路径的角度，借鉴欧洲城市的发展经验，提出推进杭州城市国际化进程的策略；宣传杭州城市数字化及互联网经济的特色优势，从城市、产业、企业等角度描绘杭州各层次的国际化情况；梳理杭州建设国际化大都市的政策措施，从服务浙江省开放强省战略部署的角度出发，对杭州进行多方位宣传，促进杭州经验，乃至浙江经验走出去，提升城市知名度，打造城市名片，从而提升杭州国际影响力。

在本书中，我们主要从经济、科技、文化、艺术、教育、交通等方面进行多角度理论分析，用动态、发展的眼光理解具有国际化功能的欧洲国家的多个中心城市如何形成国际化的影响力，同时站在客观、辩证的角度分析城市发展中遇到的挑战，策略性地实施城市国际化战略。本书着眼于为杭州国际化的发展提供国际思维，提升城市国际化的能级。

为加快城市国际化建设，尽早实现城市国际化的目标，杭州可多向国外城市学习，借鉴实施性强且符合杭州实际情况的发展经验。2018 年的《条例》对城市国际化目标、产业国际化、城市环境国际化、公共服务国际化、文化国际交流融合等 7 个方面都做出了规定，奠定了课题多维度研究的不同角度。本书通过研究欧洲国家中与杭州城市地位相似的大城市的国际化发展路径，提炼出可普遍遵循的发展规律，从个性特色和普遍规律两个方面呈现城市国际化进程，以扬长避短，充分发挥杭州地方特色，总结出一条有地方区域性特色的发展之路。

本书还进行了中欧对比研究，展现及宣传杭州在"智慧城市"建设中取得的成就和优势，为欧洲城市的发展提供可以参考的发展模板，形成中欧可互相借鉴的国际通用经验，并在此过程中推进杭州与欧洲国家国际化城市间的合作交流。我们希望通过中欧对比研究，提出切实可行的发展策略，促进杭州城市国际化的发展进程，彰显杭州的城市魅力，促进对外合作交流，更好地服务浙江建设开放强省的战略部署。

本书撰写团队调动和整合浙江外国语学院西语学院多个语种的专业人才力量，切实发挥小语种学科专业的优势，综合了欧洲多个非通用语种对象国国际化城市的情况，实现了多语种创新协同。我们致力于帮助社会各界了解欧洲非通用语种对象国相关城市的国际化情况，增进与欧洲国家城市的合作。

应当承认，在本书的撰写过程中，我们还是遇到了一些难题。城市学属于一门新兴学科，作为外语专业出身的研究团队，我们在理论基础方面尚缺支撑；同时，对欧洲国家相关城市的国际化发展的最新情况，我们缺乏便利条件进行实地研究考察，有些研究素材来源于网络，可能会有一些滞后性。由于撰写团队能力有限，纰漏在所难免，还请同行专家和广大读者不吝赐教。

张禄彭

2021 年 12 月于浙外小和山

目录

城市国际化的基本问题

CHENGSHI GUOJIHUA DE
JIBEN WENTI

第 一 章
"城市国际化"概念初探

第一节 "城市国际化"概念研究现状

　　城市国际化对一个城市的规划和发展有着重要的影响力，是大中型城市发展到一定阶段之后必然面临的政策抉择，为城市打造属于自己的国际吸引力和凝聚国际产业力量提供了相应的发展方向。随着全球化趋势的不断发展，杭州正走在通往国际化城市的十字路口上，了解城市国际化的发展趋势和评价体系，对杭州进行下一步的规划和建设有着重要的意义。杭州如何能在走向国际大都市的进程中走出属于自己的特色道路，成为该领域研究的重点。因此，在研究展开之前，研究者必须首先明确"城市国际化"的概念以及相关评价体系与指标。

关于"城市国际化"的概念，我国国内学者已经有所梳理。例如，2000年姚蓉就曾在其研究文章中指出："城市国际化是指城市在人、财、物、信息及整体文化等方面进行跨国界的相互往来与交流活动不断增加，城市的辐射力、吸引力影响到国外的过程以及国际性城市的形成过程。城市国际化既是一个动态的发展过程，具有时段性特点，又是一个结果，是以国际性城市的实现为目标。"[①]与此定义类似，张胜全等指出，城市国际化是指城市按照国际通行惯例，在全球范围内运用和配置各种资源、全面参与国际合作与竞争的过程和状态，是衡量一座城市国际影响力和竞争力的重要标志。[②]改革开放40多年来，城市国际化迅速发展，学术界对我国城市国际化及其动力机制进行了积极的探索，主要从经济增长、产业升级、国际组织、人才国际化等方面来研究城市国际化的驱动机制。

国内学界除了对"城市国际化"的概念进行辨析之外，也尝试制定国际化指标。总体来说，国内关于城市国际化水平的研究相对较晚，目前对各项指标的探索也十分重视。其中较为重要的研究包括：吴洁在其研究报告中指出国际化发展的关键在于城市的聚散性，采用的指标如资本流、人流、物流及技术信息流等体现城市国际化的水平。[③]薛德升和黄鹤绵认为世界城市形成发展过程中不应忽视历史、人口、地理、文化等因素构成的城市个性，当

---

① 姚蓉：《西安城市国际化条件评析》，《人文地理》2000年第1期，第73—75页。

② 张胜权、陈璐、林雯雯：《城市国际化与可持续发展标准化研究初探》，中国标准化协会主编：《第十六届中国标准化论坛论文集》，《中国学术期刊（光盘版）》电子杂志社2019年版，第158—161页。

③ 吴洁：《城市现代化与国际化程度评价指标体系的研究》，《武汉城市建设学院学报（社会科学版）》2000年第2期，第25—29页。

今全球城市的发展与国家制度环境、政策导向，城市政府制定的城市发展战略，市民社会的发展有关。[①] 李俊和张鲁丹提出全球城市指数作为统一的国际公认标准评价体系，采用 5 个维度进行细分和评价。[②]

在此基础之上，我国不同的城市，尤其是走在全国发展前列的大中型城市也纷纷开展了基于自身城市特点的国际化探索研究，其中以对北京和上海两个城市的研究居多。金元浦认为北京建设世界城市，应以国家总体发展战略和区域发展大局为指导，建设以核心城市为主的城市圈区位经济联合体，重点发展国际金融和贸易，集聚众多的跨国公司和财团总部或分部，完善市场经济体系和产业集聚区，加强交通通信基础设施建设，开展国际科技、教育、文化、体育等交流活动，发展科技创新等。[③] 在对上海的全球城市研究中，郑德高等学者从城市发展目标着手，结合城市发展历史和发展理念，以确立上海市发展的战略路径。[④]

除了北京及上海这样的超一线大城市，部分准一线或二线龙头城市也纷纷开始思索自己未来的国际化发展方向。例如，深圳市根据中共中央、国务院印发的《粤港澳大湾区发展规划纲要》和《关于支持深圳建设中国特色社会主义先行示范区的意见》中提及的定位，力图发挥其作为经济特区、全国性经济中心城市和国家创新型城市的引领作用，力争到 2025 年建成现代化国际化创新型城市，到 2035 年建成具有全球影响力的创新创业创意之都，到 21 世纪中叶成为竞争力、创新力、影响力卓著的全球标杆城市。无锡市

[①] 薛德升、黄鹤绵：《关于世界城市研究的两场争论及其相关研究的影响》，《地理科学进展》2013 年第 8 期，第 1177—1186 页。

[②] 李俊、张鲁丹：《城市国际化评价指标和建设路径研究——以杭州为例》，《上海管理科学》2017 年第 4 期，第 110—115 页。

[③] 金元浦：《北京建设中国特色的世界城市发展之路研究》，《城市观察》2011 年第 2 期，第 113—121 页。

[④] 郑德高、朱郁郁、陈阳、林辰辉：《上海大都市圈的圈层结构与功能网络研究》，《城市规划学刊》2017 年第 5 期，第 63—71 页。

在探究城市国际化道路上以杭州为样板，提出要学习杭州的发展模式，以构建顶层构架为基础，积极搭建与各个国家和地区的友好合作关系，建立企业家俱乐部，努力促进大学与国际接轨。

由此可见，城市化是我国现代化建设的必由之路，也是新时代推动经济高质量发展的强大引擎。根据目前的国内和国际环境，我国的城市迎来了国际化发展的重要机遇，整个世界的固有城市结构正在发生重大转变和调整，国际的竞争和合作都日渐升华，全球治理的水准也逐步提高。在这样的背景之下，以大型国际化城市为中心的城市网络化发展正日趋成为主流，因此，建设区域性重点城市，全面提升这一部分重点城市的国际化地位将是我国未来一段时间之内的工作重心。如何把握住城市国际化变革的重大机遇，以城市国际化趋势为契机，切实提升城市治理能力，建设富有活力、幸福宜居的新时代现代城市是需要切实研究和思考的重要课题。

在研究推进城市国际化的策略方面，国外学者普遍认为基础设施建设对城市发展至关重要，国内学者普遍认为城市发展基础、国家政策、国际贸易、金融等是推动城市国际化的关键，如惠娜（2011）通过对纽约、伦敦、巴黎、东京这些国际化大都市形成路径的研究，认为发达国家的国际化城市遵循交通枢纽—地区性贸易中心—生产制造中心—国际金融中心—国际贸易中心—现代服务业中心—国际化大都市这样的路径。[①]

在同时重视以上指标的基础之上，国际上的城市国际化研究还看重人文氛围、宜居生活等指标。例如，国外很多对城市的研究都非常注重对城市的人类发展指数（Human Development Index, HDI）加以深入研究。联合国开发计划署（United Nations Development Programme，UNDP）于 1990 年提出了人类发展指数，以"预期寿命、教育水平和生活质量"三项基础变量，

---

① 转引自杨灵灵、刘军：《城市国际化水平的评价与比较研究——以杭州市为例》，《经济视角》2020 年第 6 期，第 36—47 页。

按照一定的计算方法计算得出这一综合指标；此外，交通、开放性、不同文化的包容度和居民的构成复杂程度也在城市国际化的评定之中占据重要的位置。

第二节　城市国际化程度评判标准

我国目前正蓬勃开展对城市国际化的研究，但是也可以看到，该研究在国际相关研究领域尚处于起步阶段，有待进一步提升。

总体来说，一个城市的国际化程度主要体现在几个方面，其中必须包括：

（1）人才方面，尤其是国际型人才的聚集能力，其中涉及人才政策和城市容纳人才的能力。

（2）经济方面，指经济发展硬指标在国际城市排名中的位置，其中包括GDP占比、硬件基础设施、企业富集度等。

（3）信息方面，包括信息富集程度、信息交流能力、网络化程度等。

（4）文化方面，包括城市的人文景观、文化辐射能力、文化对外输出能力等。

除了以上四大板块之外，一个城市的国际化程度在一些细分领域还有着更加精细的评判标准。总之，城市国际化是一个全面而又细致的工程，不但要提纲挈领，面面俱到，还要在有强势驱动的同时，关注诸多细分领域内的指标，这些领域指标在国际上的影响力直接决定一个城市的国际化程度，而针对这些指标所做的国际化尝试对一个城市的国际化进程有着决定性的影响。面临着全球化的浪潮，一个城市的竞争力主要取决于其国际化程度。当今世界上许多重要城市，以及我国诸多有能力、有条件的大中型城市，都在这一理念的激发下不断推进城市的国际化进程，顺应历史的发展方向，努力拓宽国际视野，提高发展水平。诸多城市都在力求产生国际影响力，但究其根本，国际化的过程中离不开对本地特色的大力弘扬和发展，只有立足城市自身的特色，才能走出属于自己的独特的国际化道路，即"只有特色的，才是国际的"。

第 二 章
城市国际化评级机构及相关指标辨析

研究城市国际化发展指标，首先需要分析影响城市国际化程度的因素。早在 1991 年，伦敦规划委员会就提出用基础设施、国际贸易和投资带来的财富创造力、服务于国际劳动力市场的就业与收入、满足国际文化与社会环境需求的生活质量这 4 个指标来衡量城市的国际化程度。随后，在 1996 年，伊斯坦布尔世界城市年会上提出城市国际化指标体系，其包含用来表征经济发展水平、城市产业结构、基础设施水平、社会开放水平、经济对外交流水平 5 个方面的 17 个指标，用来测度城市国际化发展的水平。

2011 年，美国《外交政策》杂志和科尔尼管理咨询公司、芝加哥全球事务委员会联合发布全球城市指数（Global City Index，GCI），形成了一个涵盖商业活动、人力资本、信息交流、文化体验、政治参与 5 个评价维度的指标体系，并在国际上广泛为人们接受。

目前人们用于反映城市国际化水平所采用的指标十分复杂，各种分类的标准和逻辑基础都不一样。在城市国际化比较中，目前较为流行的指标体系呈现出多家并存的态势，主要采用了反映城市经济发展水平、基础设施建设水平，以及城市建设的现代化水平等方面的指标。因此，我们有必要整理出较为常见的城市国际化的评级机构及相应指标体系。

第一节　全球化与世界城市研究网络

英国拉夫堡大学的全球化与世界城市（Globalization and World Cities，GaWC）研究网络将国际化城市分为 Alpha、Beta、Gamma、High Sufficiency、Sufficiency 5 个等级，并用加减号来标记等级内的次级别。钱江新城在 G20 峰会时期向世界展现了一个具有"独特韵味、别样精彩"的新杭州，引领杭州在 2018 年全球城市的排名从 100 名开外跃升至 75 名，城市等级从 Gamma+ 跃升三级，成为 Beta+ 级城市（见表 2-1）。①

表 2-1　2018 年上榜的中国城市

城市（中国）	等级
北京	A+
香港	A+
上海	A+
广州	A
台北	A

———————

① https://www.lboro.ac.uk/gawc/，2021-03-07.

续表

城市（中国）	等级
深圳	A−
成都	B+
杭州	B+
南京	B
天津	B
武汉	B
长沙	B−
重庆	B−
大连	B−
济南	B−
青岛	B−
沈阳	B−
苏州	B−
厦门	B−
西安	G+
郑州	G+
合肥	G
昆明	G
太原	G
福州	G−

A 级（Alpha 级）：最重要的世界经济区域，分为 A++、A+、A 和 A− 4 个等级。
B 级（Beta 级）：中型经济区，分为 B+、B 和 B− 三级。
G 级（Gamma 级）：较小的经济区，分为 G+、G 和 G− 三级。

GaWC 主要评价城市的高端生产性服务业及其与世界城市的连通性。据此排名，我们看到 2017 年的中国城市位次，杭州位居全球城市第 140 名，远低于 GCI 排名，但位于杭州之前的中国城市仅 9 个，即香港、北京、上海、台北、广州、深圳、成都、天津、南京（见表 2-2）。

表 2-2 GaWC 2017 中国城市位次

等级	分级	数量	中国城市排名
Alpha	Alpha++	2	
	Alpha+	7	香港（4）、北京（6）、上海（9）
	Alpha	19	
	Alpha–	21	台北（37）、广州（41）
Beta	Beta+	24	
	Beta	19	深圳（85）
	Beta–	38	成都（100）、天津（113）
Gamma	Gamma+	24	南京（139）、杭州（140）、青岛（143）
	Gamma	28	大连、重庆、厦门、南宁
	Gamma–	32	台中、武汉、苏州、长沙、西安、沈阳
Sufficiency	High Sufficiency	35	济南、南通
	Sufficiency	112	高雄、昆明、福州、澳门、太原、长春、合肥、宁波、郑州、哈尔滨、乌鲁木齐
合计		361	

这一排位一直在动态调整中。2018 年，GaWC 将杭州的城市排位不断调整上升，提高到了 Beta+ 的阵营之中（见表 2-3）。

表 2-3 GaWC 2018 Beta+ 二线城市

排名	城市名	所在国家	所在大洲
56	胡志明市	越南	亚洲
57	波士顿	美国	北美洲
58	开罗	埃及	非洲
59	汉堡	德国	欧洲
60	杜塞尔多夫	德国	欧洲
61	特拉维夫	以色列	亚洲
62	亚特兰大	美国	北美洲
63	雅典	希腊	欧洲
64	多哈	卡塔尔	亚洲
65	利马	秘鲁	南美洲
66	班加罗尔	印度	亚洲
67	达拉斯	美国	北美洲

续表

排名	城市名	所在国家	所在大洲
68	哥本哈根	丹麦	欧洲
69	河内	越南	亚洲
70	珀斯	澳大利亚	大洋洲
71	成都	中国	亚洲
72	布加勒斯特	罗马尼亚	欧洲
73	奥克兰	新西兰	大洋洲
74	温哥华	加拿大	北美洲
75	杭州	中国	亚洲

数据来源：2018 年 GaWC 城市排名。[①]

可以看到，排在第 75 位的杭州位于 Beta+ 城市榜单的末尾，略低于温哥华、奥克兰等大型城市，同时也排在中国的成都之后。在对比世界一流城市之后，我们发现，杭州在诸多领域仍然处于高度开放和发达的城市的尾部，部分指标尚且不够优秀，仍然有很大的上升空间。

依据 GaWC 的具体等级评定细则，评级主要考察以下 13 个指标：

（1）国际性、为人熟知。

（2）积极参与国际事务且具影响力。

（3）相当多的人口。

（4）重要的国际机场，作为国际航线的中心。

（5）先进的交通系统，如高速公路或大型公共交通网络，提供多元化的运输模式。

（6）亚洲城市要吸引外来投资，并设有相关的移民社区。西方城市要设有国际文化社区。

（7）有国际金融机构、律师事务所、公司总部（尤其是企业集团）和股

---

① https://www.sohu.com/a/275582056_457587，2021-03-10.

票交易所，并对世界经济起关键作用。

（8）先进的通信设备，如光纤、无线网络、移动电话，以及其他高速电信线路，有助于跨国合作。

（9）蜚声国际的文化机构，如博物馆和大学。

（10）浓厚的文化气息，如电影节、首映式、热闹的剧院、美术馆以及交响乐团、歌剧团、街头表演者。

（11）强大而有影响力的媒体，着眼于世界。

（12）强大的体育社群，如体育设施、本地联赛队伍，以及举办国际体育盛事的能力和经验。

（13）近海城市要拥有大型且繁忙的港口。

GaWC 提出的诸多指标及上榜城市，对我国城市迈向国际化有着重大意义，可以看作国际通用的"风向标"级别指标。而针对杭州本身的国际定位，我们可以从中迅速看到目前杭州在世界城市之林中的具体位置，通过横向对比和纵向分析，也可以看出杭州目前的优势和劣势。

通过分析 GaWC 上榜城市，我们可以看到，国际大都市的主要特征至少包含以下方面：①政治中心；②经济中心；③国际金融中心；④时尚消费中心；⑤文化娱乐体育中心；⑥交通枢纽；⑦商务中心；⑧制造业中心；⑨教育中心；⑩人口相对集中；⑪环境宜居；⑫新闻传播中心。

2020 年全球疫情以来，世界上城市间的交流受到不同程度的阻隔，杭州也不例外。最新的 GaWC 2020 世界城市名录显示杭州的位次有所下降，排在第 90 位，等级也成了 Beta 级。如何在疫情常态化条件下建设国际化都市，是摆在杭州面前的一个新课题。

第二节 科尔尼管理咨询公司、芝加哥全球事务委员会、《外交政策》杂志的全球城市指数

全球城市指数由科尔尼管理咨询公司、芝加哥全球事务委员会及《外交政策》杂志共同研究并发布，从商业活动、人力资本、信息交流、文化体验和政治参与 5 个维度，对世界重要国家的重点城市进行综合排名，从而体现这些城市如何在全球范围内推进一体化及互动进程并扩展其影响力。科尔尼全球城市指数报告首次发布于 2008 年，由科尔尼管理咨询公司联合国际顶级学者与智库机构共同发起。首次报告便基于对超过 150 个城市的事实和公开数据的深入分析，对全球各城市的国际竞争力与发展潜力进行系统评估。科尔尼全球城市指数报告包括全球城市综合排名和全球城市潜力排名，这两份榜单分别评估了当前世界顶级城市的表现和城市未来的发展潜力。

2020 年是科尔尼发布本报告的第 12 年，报告将城市国际竞争力研究体系进行了一次系统的升级，大幅增加了新兴城市数量，全面评估的城市从 2019 年的 130 个上升到 2020 年的 151 个，同时优化和引入了部分新的指标，包括对城市企业家精神及城市公共卫生水平的衡量维度。《外交政策》杂志指出，全球城市指数实际上衡量的是一个城市在该城市以外发挥的影响力，即它对全球市场、文化和创新力量的影响及其融合程度；城市规模不是唯一的标准。

如表 2-4 中 2020 年中国上榜城市的排名所示，北京首次超越香港，进入了世界前五强。这是该报告发起 12 年以来，首次出现前五位城市的更迭。北京排名的上升是社会稳定性、人力资本投入和创新创业水平提高共同作用的结果。同时，北京的大多数指标得分有所提升。北京商业活动维度得分位

居全球第二，包括全球 500 强企业数量排名第一，独角兽企业（成立时间不超过 10 年，估值超过 10 亿美元，且未上市）数量居全球第二。另外，北京领先的基础教育、高等教育及多元化的文化活动，也持续提升了北京人力资本维度的得分。总的来讲，北京在 GCI 各个维度都表现出了均衡的实力。

杭州从 2019 年的第 91 位跃升至 2020 年的第 82 位，取得了极大的进步，相比较其他城市如北京、上海的发展，有过之而无不及，其迅猛势头得益于商业活动和文化体验的持续提升，尤其在新增指标"独角兽企业"数方面表现亮眼。除杭州之外，2020 年，跃升层次较快的城市还有武汉和长沙，但是由于这两个城市排名都相对较靠后，所以综合比较竞争力仍然不及杭州。

表 2-4　中国上榜城市综合排名（2016—2021 年）

序号	城市	2021	2020	2019	2018	2017	2016	2020—2021 排名变化
1	北京	6	5	9	9	9	9	−1
2	香港	7	6	5	5	5	5	−1
3	上海	10	12	19	19	19	20	+2
4	台北	49	44	44	45	47	43	−5
5	广州	61	63	71	71	71	71	+2
6	深圳	72	75	79	79	80	83	+3
7	杭州	80	82	91	117	116	115	+2
8	成都	86	87	89	89	88	96	+1
9	南京	90	86	86	88	87	86	−4
10	苏州	92	98	96	115	112	109	+6
11	天津	94	94	88	87	92	94	0
12	武汉	95	93	104	102	100	107	−2
13	西安	96	100	111	113	114	114	+4
14	长沙	102	103	116	124			+1
15	重庆	107	102	107	114	115	113	−5
16	青岛	108	105	110	110	109	110	−3

续表

序号	城市	2021	2020	2019	2018	2017	2016	2020—2021排名变化
17	高雄	109						
18	大连	120	118	110	106	107	108	−2
19	郑州	121	121	123	128	123	121	0
20	济南	122						
21	宁波	126	122	119	123			−4
22	沈阳	131	128	121	120	124	122	−3
23	哈尔滨	132	126	117	118	117	117	−6
24	合肥	133						
25	昆明	134						
26	无锡	144	138	128	130			−6
27	佛山	148	142	129	131			−6
28	烟台	149	141	131	132			−8
29	东莞	150	143	132	133	127	124	−7
30	泉州	152	144	134	135	128	125	−8
31	唐山	155	145	135	134			−10

2021年全球城市指数报告，在对全球230多座城市进行综合分析之后，评估出了156座上榜城市，其中包括31座中国城市；着眼于新冠肺炎疫情及其防控措施对全球156个城市全球化参与度的影响。这次排名也有细微变化，比如上海首次进入全球前十，济南、合肥、昆明等首次上榜，杭州又提升2名，成为第80名。

报告发起人与作者之一、科尔尼资深合伙人迈克·黑尔斯（Mike Hales）认为，新冠肺炎疫情已然打破了许多常态，为城市的治理带来全新的挑战与机遇。过去的经验已经不足以成为我们判断的基础，城市管理者应该采取与以往不同的战略性决策和投资决定，在后疫情时代提高城市发展的活力与韧性。

第三节 北京市社科院的北京世界城市指标体系

全球化和信息化的背景之下，城市在全球网络中扮演着越来越重要的角色，其地位有时候甚至超越了国家。随着世界经济中心的转移，我国继续建立和壮大自己的大型城市及城市群，使之成为我国和世界连接的节点。而作为首都的北京自然是我国国际城市战略中的首要战略城市，因此北京市社科院建立了属于自己的世界城市指标体系，利用这一工具，试图对北京迈向世界的进程予以动态监测。指标视角的不同，会直接影响城市的具体发展方向和策略。

北京世界城市指标体系的建立，主要依据我国对世界城市地位源头的理解。北京世界城市指标体系主要依据 3 个评选维度进行考察，分别是总体实力、网络地位和支撑条件。这 3 个方面既能反映经济规模和结构等硬实力，也能反映科技、文化、品牌等软实力，同时也体现了城市服务功能的完善程度和基础建设的水平。其中，反映硬实力的 4 个指标分别选取为 GDP 总量、生产性服务业占 GDP 比重、金融业增加值及现代制造业增加值。软实力方面的指标面向的因素数量比较多，主要侧重于专利授权量、世界排名前 500 的大学数量等。基础设施实力包括轨道交通运营里程、五星级酒店数量，宽带用户比例等数据。

除此之外，该体系还强调城市支撑条件。支撑条件是指保障城市长期、高效率运行的要素，主要从 3 个方面予以考量：活力、创新和宜居。活力是指包容多样的文化氛围、丰富的社会结构，如收入分配和人口结构等都是重要的指标；创新则包括从城市管理到企业内部的各种机构的创新能力、效率，从知识产权获取竞争力优势的能力；宜居则是指该城市能满足居民的物质及精神需求，提供适宜人类工作、生活和居住的城市环境，如今宜居的环境已经成为城市吸引人才的关键因素，因此该指标也具有了越来越重要的地位。

北京世界城市指标体系的制定既为北京的城市发展指明了具体的方向，也可以用来考察中国大型城市乃至世界重要城市的发展情况（见表 2-5）。

表 2-5 北京世界城市指标体系（正选指标）[①]

世界城市地位	总体实力	硬实力	1	GDP 总量
			2	生产性服务业占 GDP 比重
			3	金融业增加值
			4	现代制造业增加值
		软实力	5	专利授权量
			6	世界排名前 500 的大学数量
			7	城市品牌指数
		基础设施实力	8	轨道交通运营里程
			9	五星级酒店数量
			10	宽带用户比例
	网络地位	综合地位	11	大型国际会展数量
			12	国际航空客运吞吐量
			13	姊妹或友好城市数量
			14	出入境人次
		经济地位	15	全球百强生产者服务业企业机构数
			16	外国金融机构数量
			17	进出口总额
			18	对外投资及吸引外资总额
		政治地位	19	联合国机构及国际组织总部数
			20	国际性 NGO 组织的数量
			21	使领馆数量

---

① 齐心、张佰瑞、赵继敏：《北京世界城市指标体系的构建》，《北京规划建设》2010 年第 4 期，第 33—36 页。

续表

			22	全球传媒集团总部及分支机构数量
世界城市地位	网络地位	文化地位	23	出入境旅游人数
			24	版权引进与版权出口数量
		信息地位	25	互联网国际出口带宽
			26	在国际期刊上发表的论文数量
			27	留学生数量
	支撑条件	活力之都	28	外籍人口占常住人口比例
			29	基尼系数
			30	劳动年龄人口比例
		创新之都	31	居民平均受教育年限
			32	企业 R&D 投放强度
			33	高新技术产业就业人口比例
		宜居之都	34	交通事故率
			35	每万人医生数量
			36	一年好天率

第四节　杭州市统计局的城市国际化评价指标体系

　　表 2-6 中的城市国际化评价指标体系为杭州市统计局叶显晶在其研究文章《杭州城市国际化突破的方向探析》中，根据城市国际化的相关要素，吸纳了一些最新的研究成果，应用网络大数据而构建，由 8 个一级指标、47 个二级指标构成。在这一指标体系的指导下，作者以该框架为考核标准，提出了杭州市发展的四大优势及四大短板。在该指标体系中，我们可以看到中国的城市国际化评价体系正在朝着全面化、人性化的方向，逐步与国际接轨。

表 2-6　杭州市统计局城市国际化评价指标体系①

一级指标	二级指标	一级指标	二级指标
经济实力	GDP（亿元）	科技研究	THE 世界 500 强大学数（个）
	人均 GDP（万元）		R&D 经费占 GDP 比重（%）
	一般公共预算收入（亿元）		高新技术企业数（家）
	第三产业增加值占 GDP 比重（%）		每万人发明专利拥有量（件）
	GDP 增速（%）		专利授权量（万件）
	社会消费品零售总额（亿元）	互联网影响力	百度引擎搜索数（百万条）
	本土世界 500 强企业数（家）		GOOGLE 引擎搜索数（百万条）
	进出口总额（亿元）		中国"互联网+"总指数
	实际利用外资（亿美元）		中国城市数字经济指数
	金融机构本外币存款余额（亿元）		"互联网+"社会服务总指数
政治参与	国际友好城市数量（个）	生态宜居	$PM_{2.5}$ 年均浓度（微克/立方米）
	使领馆数量（个）		建成区绿化覆盖率（%）
	ICCA 公布举办国际会议次数（次）		污水处理率（%）
	"一带一路"参与度		人均公园绿地面积（平方米/人）
社会支撑	常住人口（万人）		生活垃圾无害化处理率（%）
	拥有大学文凭人口比重（%）		每万人口医生数（人）
	居民平均预期寿命（岁）		IB 国际学校数（家）
	城镇居民人均可支配收入（元）	交通枢纽	国际和地区航线（条）
	职工最低工资标准（元/月）		航空旅客吞吐量（万人次）
	最低生活保障（元/月）		轨道通车总里程（千米）
文化交流	入境游客（万人次）		特等火车站数（个）
	世界文化自然遗产数（个）		轨道交通是否直达国际机场
	博物馆数（家）		全球 100 强集装箱港口数（个）
	全球体育影响力城市指数		

　　林卡和王丽铮于 2019 年在《浙江社会科学》杂志发表的关于指标体系的研究论文中，从各种评级机构常用的二三十个相关指标中分辨出三类关键指标，建构分析城市国际化发展程度的指标体系。② 这三类指标主要是：

---

① 叶显晶：《杭州城市国际化突破的方向探析》，《统计科学与实践》2019 年第 4 期，第 24—27 页。
② 林卡、王丽铮：《城市国际化指标体系研究》，《浙江社会科学》2019 年第 12 期，第 81—86 页。

一是基础性指标。城市国际化的"基础条件"指标可以包含基础设施、经济结构和生态环境这三方面要素。这些指标包括城市基础设施、科技与教育、商品与服务贸易、投资与资本形成、技术与信息等方面的情况。

二是城市开放度和流动性指标。城市国际化程度的高低取决于城市的聚散性，因此流动性指标就成为测量国际化程度的核心指标。其中包括常住外籍人口占总人口比例、入境旅游人数占本地人口比例等。此外，货物流动的指标也是反映国际流动性的基本指标，包括航空港游客吞吐量、港口货物吞吐量、国际直飞航线数量，以及轨道交通运营里程等。

三是反映城市声誉和国际影响力的指标。影响力反映在经济发展水平、政治影响力、人文吸引力、生态发展水平、科技创新能力、对外连通能力等方面。测量这种影响力的指标包括友好城市数目、外国驻华大使馆和总领事馆数目（政治影响力），当地跨国公司数量等（经济影响力），举办国际会议或国际赛事的次数（文化影响力），以及在宜居城市建设和社会福利服务方面的指标（社会生活影响力），如表 2-7 所示。

表 2-7　分析城市国际化程度的三维度指标 [①]

一级指标	二级指标	三级指标
基础性指标	基础设施	轨道交通运营里程、人均公共绿地面积
	经济结构	人均 GDP、第三产业占 GDP 比重、全球金融中心指数
	生态环境	空气质量优良率、生活垃圾无害化处理率
流动性指标	人口流动	留学生数量、常住外籍人口占总人口比例、入境旅游人数占本地人口比重
	投资流动	经济外向依存度、外贸直接投资占本地投资比重
	贸易流动	港口货物吞吐量、国际直飞航线数量
影响力指标	政治影响力	友好城市数目、外国驻华大使馆和总领事馆数目
	经济影响力	跨国公司指数、总部经济指数、国际组织数量
	文化影响力	举办国际会议次数、举办国际赛事次数
	社会生活影响力	市民运用英语交流的普及率、外国人参与社区活动次数

① 林卡、王丽铮：《城市国际化指标体系研究》，《浙江社会科学》2019 年第 12 期，第 81—86 页。

第五节 杭州市发展和改革委员会的国际化示范区评定指标体系

2018 年，杭州正式出台了《杭州市城市国际化促进条例》。《条例》鼓励各类城市国际化的探索实践，并提到对在城市国际化发展中起示范引领作用的区域进行"城市国际化示范区"认定，寻找一条具备杭州特色的国际化发展路径。针对《条例》的具体内容，杭州市发展和改革委员会研发了自己的指标体系。该指标体系参考采用了部分国际公认的指标，同时结合《条例》文件精神和杭州实地需求，注重体现东方魅力之城的独特情境，构建满足不同粒度的国际化实践主体的发展需求，聚焦国际化。根据《条例》精神，指标体系分成 3 个层级，最高层级为目标层，中间层级为准则层，指标层级为方案层。按照不同的层次结构，评定指标体系可分为五大准则层和 25 个指标层，各要素共同影响着国际化示范区的发展状况。国际化示范区评定指标体系如图 2-1 所示。[①]

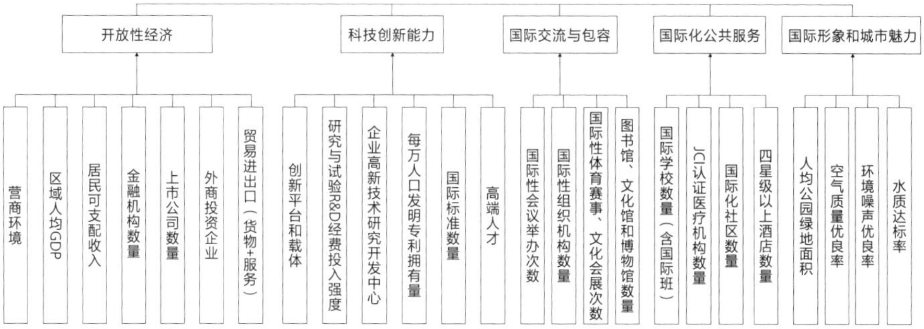

图 2-1 国际化示范区评定指标体系

[①] 杭州市发展和改革委员会课题组：《城市国际化示范区评定标准研究——以杭州为例》，《中国标准化》2021 年第 3 期，第 122—126 页。

除以上针对各层级的评价指标之外，为了使每个要素的定义理解相同，课题组还给出了相应的体系及每个指标的释义。该指标体系的设立乃是杭州构建自身的国际化评分体系的尝试，努力给出量化评估方法，最终形成评定标准，对城市国际化的方向把控、进度调控具有战略性意义。评定标准可用于对国际化程度的评估和改进，有助于准确把握城市发展方向、确保目标实现，为未来城市的规划、建设和管理提供科学的依据和指导。

第六节　其他评价体系和指标

除以上介绍的几个城市国际化研究机构和评估体系之外，还有若干个在世界上较为知名的评价体系，如伊斯坦布尔世界城市年会上提出的城市国际化指标、伦敦规划委员会的城市国际化指标等，种类繁多，不再赘述。表 2-8 总结了部分国际知名的城市国际化指标，并简略介绍了其指标的选取方向。

表 2-8　世界城市若干评价指标 [1]

名称	指标
伊斯坦布尔世界城市年会上提出的城市国际化指标	17 个指标：人均 GDP、第三产业增加值占 GDP 比重、人均电力消费量、人均公共绿地面积、本地产品出口额占 GDP 比重等
GaWC	4 个指标：跨国公司 "高级生产者服务业"（会计、广告、金融和法律）供应水平

---

[1] https://www.sohu.com/a/167549263_670345，2020-10-05.

续表

名称	指标
跨国公司和银行判别法	2 个指标：跨国公司指数、跨国银行指数
基础设施判别法	1 个指标：航空客运量（4500 万人次）
世界城市体系	7 个指标：主要金融中心，跨国公司总部所在地，国际性机构所在地，商业部门（第三产业）高速增长，重要制造中心，世界交通重要枢纽，城市人口达到一定规模
伦敦规划委员会的城市国际化指标	4 个指标：基础设施、国际贸易和投资带来的财富创造力、服务于国际劳动力市场的就业与收入、满足国际文化与社会环境需求的生活质量
Resonance Consultancy 标准	6 个指标：城市环境、基础设施、人力资源、城市繁荣、城市规划、城市宣传
卡尔·拉波特的城市国际化指标	7 个指标：外国出生人口、外国银行数量、外国旅游者、新移民数量、进口物资的价值、外国领事馆数量、与外国建立友好城市关系的数量
GCI	5 个指标：商业活动、人力资本、信息交流、文化体验、政治参与

第 三 章
杭州市对标国际都市的优劣分析及对策探讨

第一节　杭州的城市国际化探索及其优势分析

2018 年 4 月 27 日，杭州市第十三届人民代表大会常务委员会第十一次会议审议通过《杭州市城市国际化促进条例》，并于 2018 年 8 月 1 日起正式施行。杭州成为全国首个以地方立法形式推进城市国际化的城市。《条例》从"产业国际化、城市环境国际化、公共服务国际化、文化国际交流融合"4个方面出发，正式将"城市国际化"确定为杭州市未来发展的首要战略。2018年起，杭州新增一个节日，将每年的9月5日设立为杭州市永久性节日——"杭州国际日"。设立"杭州国际日"，是杭州实施城市国际化战略的重要举措。

杭州市委第十二届四次全会上，又进一步提出建设一城、一窗，推进"六大行动"重大决策部署。一座真正意义上的世界名城，必然在全球城市体系中具有鲜明的个性特色、独特的地位作用。

细数杭州的城市国际化进程，可以列举出一连串的成就："一带一路"地方合作委员会牵头城市、全球首个可持续发展试点城市、全球52个最值得到访的旅游目的地之一、国际标准化组织会议基地……特别是近年来，杭州城市国际化迈出了新步伐，入境旅游人数、旅游外汇收入均列全国副省级城市前三。2016年9月，举世瞩目的G20峰会在杭州召开，更是把杭州推向了世界舞台中央，为杭州提升城市国际化水平带来了千载难逢的机遇，最终亦取得丰硕的成果。

作为中国改革开放先行城市，杭州与233个国家和地区建立了经贸合作关系，2018年货物进出口总额超过5000亿元。杭州是中国数字经济发展先行城市，2018年数字经济核心产业主营业务收入突破1万亿元，拥有阿里巴巴、网易、海康威视等龙头企业，电子商务服务、云计算、数据治理、第三方支付能力和安防产业市场份额居中国之最。杭州也是创新活力之城，人才净流入率、海外高层次人才净流入率、互联网人才净流入率均居中国城市首位，连续9年入选"外籍人才眼中最具吸引力的中国城市"。杭州的城市国际化成就还体现在近年来友好城市的不断建立之中，目前杭州国际友好交流关系城市已增至60个，国际友好城市已达34个。

杭州市城市国际化的优势主要体现在以下几个方面：

一是政治优势。"政治参与"的优势主要体现在以下几点：第一，"一带一路"建设参与度较高，浙江省这几年均处在"一带一路"建设参与的第一梯队，杭州市更是积极落实推进"一带一路"建设战略，一直位于全国前列；第二，杭州市以 2022 年亚运会为契机，积极推进自己的国际化形象打造，稳步增加国际友好城市数量；第三，国际会议和会展目的地打造初见成效，根据相关资料统计，杭州在 2014 到 2017 年之间举办国际会议 74 场，领先于同级别城市，预计随着亚运会的到来，杭州市的国际化潜能将进一步释放。

二是社会优势。整个浙江省在全国范围内始终保持居民收入名列前茅，2021 年，杭州市城镇居民人均可支配收入为 74700 元，仅次于北京、上海、苏州，位列全国第四，人民生活品质高，社会保障和福利制度完善，人均寿命长。杭州市近几年尤其受到年轻人的喜爱，保持了常住人口持续流入，并且有逐年提高的趋势，人口结构的年轻化让杭州成为未来的希望之城。

三是互联网优势。"智慧城市"的打造已经让杭州走在了"互联网 +"的最前沿。在 2016 年中国"新型智慧城市"峰会上发布的中国 335 个城市"互联网 +"社会服务指数排名显示，杭州位列第一。除此之外，杭州拥有大量的互联网行业独角兽公司，这意味着杭州市已经形成了以互联网为特色的城市定位。科技部火炬中心发布的《2017 中国独角兽企业发展报告》显示，杭州有 17 家独角兽公司，总数仅次于北京、上海，位列全国第三，估值总额超过上海，仅次于北京。杭州 17 家独角兽公司中，绝大部分是"互联网 +"企业。

第二节 杭州城市国际化不足之处

受主客观因素制约，每个城市的国际化途径也有所不同。例如，上海通过建设国际金融中心、构建国际性交通枢纽、实施开发区战略、创新绿色发展模式，以实现《上海市城市总体规划（2017—2035 年）》提出的"展望2035 年，基本建成卓越的全球城市，令人向往的创新之城、人文之城、生态之城，具有世界影响力的社会主义现代化国际大都市"目标。青岛通过大力推进标准化强市战略，以本土优势彰显海洋特色，积极承接大型国际会议，探索城市发展模式。成都通过建设国际内陆型综合交通枢纽、积极承办国际展会、注重国际化与本土化的有机融合，以及大力推进绿色经济发展，向着"初步建成国际性区域中心城市"的目标迈进。

杭州是浙江省的经济、文化和科教中心，环杭州湾大湾区和杭州都市圈的核心城市，G20 峰会的成功举办提高了杭州在全国城市体系中的战略地位，也提升了其国际知名度和影响力。早在 21 世纪初，杭州就提出了城市国际化战略，2018 年 7 月杭州市委第十二届四次全会提出"一一六"战略，将杭州建设成具有独特韵味、别样精彩的世界名城，并打造成展示新时代中国特色社会主义的重要窗口。当前，开展城市国际化和可持续发展标准化对策研究，既契合"前亚运、后峰会"背景下杭州城市现状和市委决策部署要求，又能在对标国内外领先城市的基础上，剖析当前存在的不足，借助标准化推动"一一六"战略实施，提炼城市可持续发展"杭州样板"。

虽然杭州市在城市国际化方面有诸多优势，但是其短板也较为明显，弱势也较有自己的特色（见图 3-1）。目前杭州市面临的问题主要集中在以下几个方面：

一是交通短板。交通方面的短板首先体现在杭州市航空枢纽排名相对较落后。杭州航空港国际化程度低、国际通达能力相对不强，地铁轨道线尚未成网，影响了国际通达和日常出行。根据中国民航总局的数据统计，杭州萧山国际机场的旅客吞吐量、货运吞吐量和航班起降班次在国内民用机场排位均不高，在 6 到 10 位，这一状况有望在萧山国际机场第三期工程竣工后有所改善。杭州全市铁路运营里程 510 千米，相较于国内同等规模城市，轨道线网规模及密度仍然较低，站点周边开发力度不足，TOD 发展水平有待提高，城区道路尚未形成窄街密路网，与外围组团的骨干路网仍需进一步完善。城市的地理位置不佳，交通区位优势不足，杭州的"特等火车站数量""全国 100 强集装箱港口数"仅列第九、第十位[①]，并不突出。

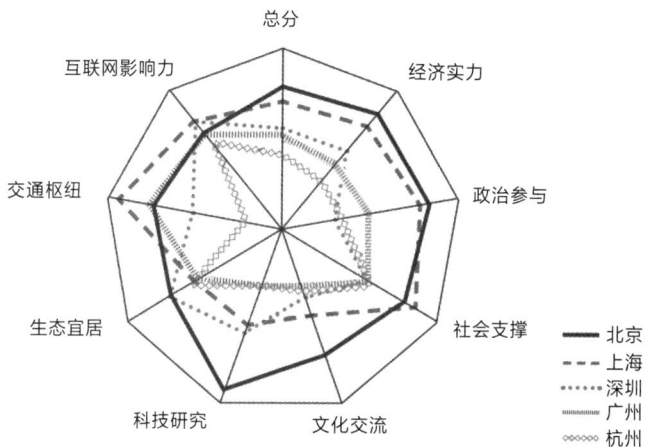

图 3-1 杭州与北上广深城市国际化对比[②]

杭州市市内交通不够便捷，交通状况有待改善。目前，杭州市正大力改造交通基础设施，到 2022 年底，将建成 10 条地铁线，这将极大提升杭州的

---

① 叶显晶：《杭州城市国际化突破的方向探析》，《统计科学与实践》2019 年第 4 期，第 24—27 页。

② 徐国伟、汪萌萌、陈小国、叶显晶：《杭州城市国际化水平评价》，《杭州》2019 年第 30 期，第 38—40 页。

城市品位和市民出行便利度。

二是经济弱势。相较于北京、上海、广州、深圳等一线大城市，杭州市与全球经济联系的紧密度不高，货物进出口总额偏低，外资引进也较大规模城市偏少。同时，因为城市整体规模限制，消费规模不大。此外，浙江的经济发展较为均衡，所以杭州在浙江经济所占的比重还不够高，作为省域经济中心的地位不够强。

三是教育与国际多元化短板。整体来看，杭州市科研投入偏少，高等教育资源偏少，全球最顶尖的1000所大学中，杭州仅有浙江大学入围，在入围大学数量及大学排名上与北京、上海、香港、纽约、巴黎等国际大都市有着巨大差异。杭州每百万人拥有的国际学校数量为6.97所，人均排名第16位。外籍人士看病就医及其子女教育等公共服务不完善，语言文化差异加大了动态管理服务的难度。与此相应的是，杭州国际政府组织机构和非政府组织的常设机构几乎为零，跨国公司总部和世界500强企业总部数量也偏少。

第三节　杭州建设国际化都市的对策探讨

具体到各分项指标对比，按照国际绝对标准衡量，杭州提升国际化水平的重点是优化产业结构、改善城市交通、加强对外交流及增强人口多元化；按照国内标准衡量，杭州提升城市国际化水平的重点是加强贸易与投资国际化、加大基础设施建设投资及完善人员与信息国际化。总体来看，国际标准和国内标准衡量具有一致性。

基于上文分析,我们尝试提出提高杭州城市国际化水平的对策。

第一,提高杭州经济国际化程度,构造城市产业空间结构,切实提升城市经济实力。增强经济实力是一个城市走向国际化大都市的必由之路。杭州市必须要在已有的经济优势基础上大力吸引外资,推进民间资本的运转,发展先进的制造业,打造现代化的服务业,等等。杭州市应该努力利用政策倾斜,与"一带一路"沿线城市积极对接,竭力发展国际贸易;积极贯彻、落实外商投资的鼓励策略,推进投资与贸易国际化进程;积极发挥新兴、优势产业的带头作用,吸引更多跨国公司入驻杭州。在招商引资的同时,要注重对外贸易的结构优化,除去传统的重点领域之外,可以考虑依托互联网优势,促进文化创意相关的产品出口,正确把握国家的进出口优化政策,构建对外贸易平台,支持大中小型企业根据自身特点设立境外或网上销售平台,在不同的层面推进企业贸易创新。在鼓励科技创新过程中,要充分体现企业在技术创新中的主体地位,加大研发投入,缩短新技术从研发到投入生产的周期;发挥科技园区的示范和带头作用,极力完善科技创新服务体系;积极发挥各重大改造技术项目的示范带头作用。尽力扶持重点项目,带动市场前景好、技术水平高的重大创新项目发展,推动产业结构优化。

根据杭州自身的特点,目前互联网相关领域的优势已经逐步凸显,相较于传统的金融贸易强一线城市如北京、上海、广州等,杭州更依靠发展新型的科技化、网络化国际城市,走出属于自己的特色道路。这样的城市需要积累科研实力,配套相应的法律、财务等相关高端人才,依托自己雄厚的经济实力推进几个新兴龙头产业的发展,再辅以其他多元化产业的推进。从世界城市发展的历史来看,独具特色的竞争优势是推动城市国际化建设的主要手段,在这一点上,杭州应该努力占得新兴领域和新型市场的先机,在产业结构和产业空间布局上投入更多的人力、物力进行研究和管理。目前杭州面临的一大问题就是土地空间利用率不足,明显存在碎片化的问题;由于互联网优势突出，也造成了一定负面影响，会导致产业选择导向雷同化，差异化和多元化不明显。杭州市目前拥有多个产业新区，如滨江技术产业开发区、萧山经济技术开发区、钱江世纪城、杭州大江东产业聚集区和萧山临江高新技术产业开发区，但是缺少一个整体的发展框架，缺乏一个较为统一的战略性引导。下一步可以对各开发区资源进行整合，在更高的战略高度上进一步提升杭州市的国际经济贸易地位。

在产业布局方面，杭州高端设备制造业的发展一直走在浙江省的前列，其中尤其以新能源汽车、轨道交通、高效节能环保设备领跑全国，同时杭州市高端设备制造业参与国际化标准工作成效较为显著。但是其发展仍然存在一些亟须解决的问题，如部分传统的高端设备产业遭遇瓶颈，缺乏创新发展的有效路径；高端设备产业核心技术少，高端设备制造业进入国际市场竞争的形势严峻；等等。为了解决这些问题，应该围绕产业转型升级为重点企业解决燃眉之急，集中攻克一批核心技术，加快推进科研成果向现实生产力的转化；加强企业的国际化高水平合作，力争吸引相关领域的跨国公司、世界500强等龙头企业在杭州设立地区总部或研发中心，同时推进本地中小微企业的品牌能力，增强核心竞争力。具体到科研新领域，应该鼓励和支持企业依托高等院校、科研机构、产业协会等，积极开展产业升级，共同参与制定国际、国内的权威行业标准，最终目的即切实提高杭州本地的核心企业能力，提升杭州国际标准话语权。

第二，提高杭州国际化教育水平，进一步扩大杭州在互联网及数字化领域的优势地位。高等教育国际化作为重要的国际化指标已经被世界各国所认可，甚至上升到一个国家的战略高度。高等教育国际化与城市发展有着密切的联系，两者之间必然是相辅相成的关系。一方面，高等教育的国际化必然会促进城市的发展与变革；另一方面，城市的国际化也必然促进高等教育国际化的迅猛发展。两者在互动的过程中必然会给城市带来巨大的社会效益和发展活力。杭州目前在这一方面的发展仍然不如北上广等一线大城市，高等教育资源相对较匮乏，国际化程度也有待提高（见图 3-2）。

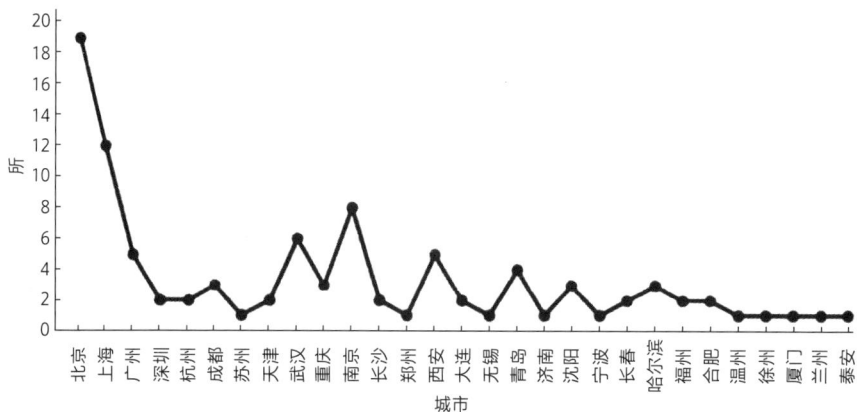

图 3-2　国际化竞争力 100 强高等学校数①

　　杭州市政府应该创造有利条件，聚集国际化的高端人才；强化精英力量，增加精英储备；从培养目标、办学模式及教学方法等方面，提高杭州国际化教育水平。2020 年教育部等八部委以习近平总书记新时代中国特色社会主义思想为指导，印发了《教育部等八部门关于加快和扩大新时代教育对外开放的意见》，其中强调：要坚持教育对外开放不动摇，加强同世界各国的互容、互鉴、互通，聚焦世界科技前沿和国内薄弱、空白、紧缺学科专业，同世界一流资源开展高水平合作办学，全面提升合作办学质量，打造"留学中国"品牌，完善全链条留学人员管理服务体系，支持和鼓励优秀人才学成回国。依循该路径，高等教育国际化应该主要包括以下几方面：国际化高等教育理念、国际化教育、国际化科研、国际化合作。在国际化人才培养的过程中，高等学校扮演着关键的角色，应该逐步成为国际化的产学研融合基地。杭州在发展高等教育国际化方面应该努力实现以下几点：

① 苗磊:《论高等教育国际化与城市发展的关系》,《黑河学刊》2020 年第 1 期，第 152—154 页。

（1）加大对杭州市本地高校的投入力度，大力引进最先进领域的顶尖人才，尤其是金融、信息技术、国际贸易、人工智能、大数据、芯片等行业的领军人才，对于创新团队和国内外的行业领军人才，采用"一事一议"的态度，形成以人才带头主导的高校科研体系。在引入高端人才之后，应该采用持续关注和追踪的态度，建立人才数据库，加强国际化标准的培训，特别是对高校科研人员、企业的中层和高层管理人员，应该加强继续培训，采取鼓励措施，努力推动复合型标准化的技术人才培养，让人才在城市建设和发展中发挥出更大的效用。

（2）鼓励各所高校以自身的办学实际条件和历史特色为出发点，将国际留学"项目化"，与世界各个高水平大学签订不同种类的合作和交换框架协议，实现来华留学生教育资源合理分配，一方面要推进城市整体教育融入国际社会，另一方面也要在教育领域积极弘扬本地文化。在"一带一路"大外交的格局之下，杭州市应该积极推进留学生来华学习，这对提升城市的主体文化跨度具有极其重要的意义。我国多元文化输出也对高校国际化提出了新的要求，面对这些最新的情况，杭州市政府应该鼓励高校在把自己的学生送出去和接收广大外国留学生方面做出更多的探索和尝试。

（3）要加强创新型人才的国际化培养，加强校企合作，建设国际化人才标准教育和培训体系及指标，建设人才培训和实训基地，让国内和国际的学生有机会在实践中切实提升自身能力。

相较于较为薄弱的高等教育领域，目前杭州市已经在数字化及互联网领域走在了国内领先地位，"互联网之都"的地位正愈发凸显。城市数字大脑是独具杭州特色的治理方式，杭州目前走在该领域的世界前沿。杭州市委也明确提出，通过做强做优"城市大脑"来打造全国新型智慧城市建设重要窗口。因此，杭州应该把握这一历史机遇，迎面推进面向未来的数字化治理能力。具体路径可以是依托"政府云"，设立以客户为中心的一站式流程，如将社会保障、税收、医疗服务等纳入政府云系统。数字治理的核心在于对大数据进行处理和分析后预测对象的发展趋势，并以此辅助决策实施。这就要求相关部门确立大数据思维，提高基于预测的决策能力和执行力。在这方面，政府应该进一步提升数据意识，招募更多的相关专业人才。

第三，提高杭州文化的国际影响力，借助大型的国际事件和国际活动展现自身实力。国际经验表明，大型的国际活动有助于有效提升城市的国际知名度和影响力。例如，1964 年东京举办了第 18 届夏季奥运会，这场奥运会的举办被认为是东京国际化的起点，在此基础上，东京提出了"东京长期发展计划"等一系列举措，显示出了东京市政府要将东京打造成国际化大都市的决心，而这些举措收效良好，显著提升了东京的国际地位，使东京成为世界城市的佼佼者。因此，大型国际活动对一个城市来说是不可多得的发展机遇。

杭州在这方面已经有一定的经验，成功举办 G20 峰会已经成为杭州的一张金名片，应该继续利用自身优势争取中央有关部门的支持，举办各种大型国际活动和展会。在这方面，杭州不仅要举办专业领域的活动和展会，也要举办适合普通市民参与的活动，以此提高市民的参与度和城市发展责任感。杭州目前正面临着一个千载难逢的机遇，那就是亚运会的举办，应该利用这一难得的平台极力展现杭州的人文风情和经济实力。为了以良好的精神风貌迎接这一盛会，广大市民也应该在不同的层面开展"迎亚运"的系列活动。市政府应该借助这个机会激发杭州市民的荣誉感和责任感，提倡争当文明市民，切实以亚运会的城市形象建设为契机，提升市民的道德风尚、公共意识与外语水平，开展各种围绕"树立杭州新形象"主题的活动，挖掘社区生活和各行各业的优秀典型。各大重点单位如地铁、火车站、机场、大型商场、旅游景点等，其工作人员应该努力提升自己的外语水平，并且对基础设施进行升级改造，充分展现出杭州市面向国际、热情开放的姿态。同时，应该考虑引入外国志愿者机制，让外籍人员参与到国际活动的组织和服务之中，提升团队的多样性和包容性，甚至在此基础上尝试聘任部分外籍专家共同参与城市管理和治理。

此外，根据以往的城市治理经验，举办大型的国际会议与国际交流活动，可以成为吸引国际组织入驻的重要契机。国际组织对入驻城市的选择，主要参考有国际会议或项目合作的伙伴城市。杭州市应该利用这些机会，加强与国际组织的沟通和联系，为国际组织的引进争取机会，切实为国际组织及其工作人员提供优惠、便捷的工作和生活条件。考虑到国际组织的迁移难度比较大，杭州可以结合自身优势，利用诸如高校、科研平台、有影响力的大企业等，自行发起一些国际组织。例如电子商务、云计算、人工智能等新兴科技领域的国际组织尚且处于起步阶段，杭州完全可以在这些领域占得先机，成立诸如国际电子商务联盟、中国数字经济与数字治理协会、联合国教科文组织文化遗产数字研究和发展中心等组织。同时，规划杭州国际组织集聚区。可考虑在萧山、西湖、西溪湿地等风景秀丽、交通便利、带动性强、国际化程度较高的板块区域，规划国际组织集聚区，用于国际组织落地建设。在此基础上，还可以努力争取各国领事馆或办事机构驻扎杭州，积极争取各国使馆在杭州设立签证中心。目前杭州市的国际友好城市中，尚有如克罗地亚等国没有在上海设领事馆，杭州可以利用自身的优越政策和自然环境优势努力争取这些国家来杭开设领事馆，以此提升杭州的国际地位。

第四，提高杭州城市国际交往度，推动旅游、文化、体育国际化进程，增强友好城市间的各领域合作。

杭州市作为传统的旅游城市，有着很好的旅游资源基础，在此基础上应该进一步加速旅游国际化的发展，积极打造世界级的遗产文化群，适度超前地建设一批具有国际水准的图书馆、博物馆、音乐厅等文化设施，邀请国内外知名的艺术家和艺术团体前来进行高水平的艺术交流和演出，同时拓宽民间文化的交流渠道。根据英国著名体育营销机构 Sportcal 的调查，体育赛事对整个城市的国际化进程也有着至关重要的影响，而在其发布的"全球体育影响力报告"中，杭州的体育影响力排在东京、伦敦、北京、南京等城市之后，仅居全球第 44 位 [①]，尚且有很大的上升空间。

杭州需要在文化传播方面继续加强国际化，尤其要制作更多城市宣传英文资料，借助国内外的知名媒体向全球推送杭州形象，吸引国际友人的关注。在这一方面，成都、上海等城市均可作为优秀的案例提供借鉴。杭州是个具有浓郁风情的江南文化名城，风物特产如丝绸、茶叶等知名度极高，一些民间传说如白娘子、梁山伯与祝英台等流传极广。同时以良渚文化、运河文化和西湖文化三大板块为特色的杭州文化圈既是中国特色传统文化的代表，又是世界文化遗产的重要组成部分。所以，杭州市应该加大保护和宣传力度，打造世界文化遗产群落，让杭州成为东方文化世界交流的重要站点。

作为一个历史和文化名城，杭州市应该充分利用自己的传统文化优势，打造一批符合新时代口味的文化形象，用新媒体的方式渗入互联网的方方面面。面临新的时代机遇，要抓住年轻人的眼球，活用一些平台，如西湖国际博览会、动漫节、世界休闲博览会等一系列吸引国内外年轻人的国际性展会的召开都是非常成功的尝试。即将召开的亚运会也是一次会引起全球眼光聚集的盛会，杭州应该抓住这次历史机遇，打造几个爆款的文化形象，让新时代的杭州形象深入人心。

第五，提高杭州宜居城市排名，完善基础设施建设；极力发挥自然资源优势，放眼长远，吸引更多的国内和国际人才。从长远来看，一个城市的兴衰主要是由人口的流动和人口素质决定的，而城市之间的竞争最终的落脚点也是人才的竞争。要想吸引各种人才流入、长久居住甚至永久居住，宜居的

---

① 叶显晶：《杭州城市国际化突破的方向探析》，《统计科学与实践》2019 年第 4 期，第 24 — 27 页。

生活环境是必不可少的条件之一。杭州市自身基础条件良好，历来都以环境优美、生态和谐著称，但是具体到宜居层面，则尚且有很多不足。其中一个方面即杭州市的气候条件并不理想。据有关部门统计，杭州市年平均气温相较国际上的知名城市明显偏高，夏天更是酷暑难耐，高温天气数量较国内其他城市明显偏多。

虽然气候条件总体上较难改变，但是如何把城市基础建设打造得更加宜居则是不能回避的一个问题，需要气候学家和城市规划部门共同努力。例如，多建设以大型乔木为主的林荫大道，同时地面辅以灌木和花草，让市民在炎炎夏日多感受到城市绿荫；多打造市民戏水或亲近水源的活动项目，如沙滩湖畔、亲水喷泉、水上乐园等酷暑季节的休闲项目；打造城市通风通道，这一点可以借鉴武汉市的做法，利用湖泊和河道，规划城市通风道，利用湖泊的湿润空气给干燥的主城区增加湿度。在接下来的国际化发展道路上，杭州市应该组织专家团队，充分论证改善气候的可行性，将气候宜居列入后续的城市发展规划之中。

杭州自然资源中有众多水系，这一点是杭州的优势，下一步可以多围绕水系打造更加绿色、开放的滨水空间，构建具有杭州特色的高品质滨水体验。目前杭州西湖周边的滨水体验已经构建得较为出色，下一步可以考虑继续开发钱塘江的独特优势，推进道路、连廊等基础设施的建设，开发地下空间，释放地面空间，形成沿钱塘江的滨水生态景观轴线，打造江城一体化的自然环境。同时要深入挖掘钱塘江及大运河人文文化，让人文景观和自然景观融为一体，优化江边的公共空间，提升江畔漫步和休闲的品质，打造集休闲、旅游、健身、购物于一体的滨水生活体验。

此外，一个城市的交通立体纵深化也能极大促进城市的外观发展。目前杭州正努力打造地铁与地上轨道交通相结合的发展路径，随着地铁的逐步落成，杭州最终将实现轨道网络超过 1.3 千米／平方千米，高密度、高效的轨道交通系统将为新型的国际化城市发展提供良好的支撑。在推进地面交通的同时，应该注意各个轨道站点与步行、自行车系统的良好对接，实现方便换乘，构建地下、地面、空中连廊等多层次、具有连贯性的步行体系。要重视地下空间的建设，通过统一规划，实现合理的人车分流整体布局。

城市交通系统在硬件优化的同时，要考虑到杭州市建设国际化城市的软件需要，要以优化标识引导系统为切入点，综合考虑杭州市的轨道交通系统如何融入国际化，提升轨道系统的社会融入度，让来自不同国家和地区、来自不同文化背景、具有不同行为特点的人群均能顺畅使用公共交通设施，在保证文化多元和多样性的基础上引导轨道引导系统及轨道交通环境达到国际水准。城市交通系统是直观地向国内外的旅行者和友人展示城市活力和开放度的一块重要展板，通过交通氛围的营造，可以打造出具有杭州特色的国际化形象，不仅能够方便外籍友人的出行，又能让他们在路途中感受到独特的杭州文化，体会人文关怀，甚至找到虽然身在异乡但类似回家的归属感。这样的氛围将为杭州未来吸引更多优秀的国际人才及国际大公司创造良好的条件，促进杭州的区域文化更好地向全世界传播。

欧洲国家城市国际化案例

OUZHOU GUOJIA CHENGSHI
GUOJIHUA ANLI

第 四 章
经济产业领域

第一节　巴黎大都会的城市国际化

　　巴黎是世界大都市。得益于遗产、文化和历史资源，巴黎城市声誉享誉全世界，吸引着越来越多的游客。2018 年，巴黎被评为全球最佳旅游目的地，酒店入住人次超过 2300 万。巴黎也是独特的创新之地，是投资者和大型跨国公司总部的青睐之地，初创公司占地超过 10 万平方米，拥有 40 多个孵化器。作为法国的首都，巴黎接待许多外事活动，包括国事访问、城市会晤、文化和体育赛事以及技术代表团交流。2024 年，巴黎将再次迎来奥运会和残奥会。旅游业、时尚与奢侈品、美食、文化与教育、健康、可持续发展甚至科学等都是其国际交流的重要方面。

巴黎积极参与国际行动，并以此为契机促进城市软实力国际影响力的提升。同时加强与欧洲其他主要城市的联系，充分利用欧盟提供的各种资源，推动巴黎的城市建设。为进一步提升巴黎的国际竞争力，启动大巴黎计划，以交通为主要支柱，涉及经济、住房、高等教育、文化、体育、环境等方面，以切实改善居民的生活环境，打造可持续发展城市。

得益于其经济规模和完备的基础设施，大巴黎地区自然而然成为法企或大型跨国公司的首选目的地。根据毕马威发布的全球城市投资监测排名，2016 年，法兰西岛（大巴黎地区）是欧洲仅次于伦敦的第二大投资目的地，世界排名第五。根据《福布斯》"全球财富 500 强"排名，在法国企业 31 强中，29 家企业的总部位于法兰西岛，年收入超过 20 亿美元。全球 500 强中有三分之一的企业将总部设立在法兰西岛。巴黎的大型企业数量排名世界第三，欧洲第一。法国的 CAC 40 大集团几乎全部都在巴黎，实现约 75% 的国外营业额。巴黎约有 1.3 万家外国企业，以英企、德企和美企为主，提供了近 50 万个工作岗位，占总数的 16%。[①]

法兰西岛是欧洲第一大经济体，GDP 约占欧洲总量的 5%。法兰西岛的经济呈现以下特点。第一，同世界主要大都市一样，法兰西岛的经济以第三产业为主。第三产业比重占 75%，比法国其他地区的平均水平高出 10 个百分点，创造 87% 的附加值。这主要得益于诸多大型企业总部的入驻，以及比重较高的金融服务和商业服务。第二，第三产业领域多元化。法兰西岛聚集了在航空航天、计算机或电信技术、生物技术和科学，甚至环境等领域处

---

① http://www.grand-paris.jll.fr/fr/paris/economie/，2020-03-15.

于领先地位的大型企业。另有许多工业公司在此设立总部或保留生产单位。第三，法兰西岛是法国的国际贸易枢纽，尤其是法国的进口门户。进口额约占法国总量的 25%，出口额约占 20%。大多数贸易与欧洲国家进行，美国和中国也是该地区的特权经济合作伙伴。

巴黎市是法国经济最为强劲的城市。[①] 其 GDP 达 6495.75 亿欧元，占2014 年法国财富总值的 30%，近年来在法国经济中所占的比重呈上升趋势。10 年来，巴黎市采取积极主动的经济政策，经济成果闻名国际；城市形象发生巨大变化，从博物馆城市转变为国际公认的经济和创新之城。

巴黎是欧洲创新之都、初创企业之都、科技青睐之城，致力于打造便利新经济发展的智慧、创新和活力大都市，促进大企业与初创企业的和谐发展。巴黎增强企业投资吸引力，促进研究与创新，创造就业机会，为培训和职业融入提供服务，尤其加大对困难人口培训的投入，彰显包容性城市的使命。巴黎在保持经济吸引力的同时，持续关注清洁、环境等领域经济活动的创新，打造生态宜居的创新经济活力首都。

尤其自 2014 年以来，巴黎在最具吸引力城市的国际排名中取得惊人飞跃：巴黎被评为欧洲创新之都；为初创企业融资方面的成绩排名欧洲第一；生活质量排名欧洲第一；被评为最吸引留学生的第二大城市。巴黎在经济领域成绩斐然。在全球 500 强企业中，29 家企业总部位于巴黎，数量排名位居世界第三，仅次于北京和东京，领先于纽约；巴黎有 1 万多家初创公司，提供几万个就业岗位，向公众开放 30 个 Fab Labs，为寻找实现项目的手段，尤其是数字化手段提供便利；有超过 10 万平方米的空间专门用于设立初创企业和孵化器。位于巴黎第 19 区的 Le Cargo 科创产业扶植中心是欧洲最大的孵化器之一，汇集 300 多家公司，占地 1.5 万平方米。巴黎已成为欧洲大

---

① https://www.paris.fr/pages/une-capitale-economique-internationale-6424#des-resultats-remarques，2020-03-15.

陆资产管理的领先金融中心。2019 年，巴黎取代伦敦成为欧洲银行业管理局的总部所在地。

巴黎加大对具有战略意义领域的政策扶持，采取旨在促进就业、提升技能和鼓励创新的举措，尤其涉及金融、健康、贸易和手工业、绿色经济、交通和物流、旅游、创意和文化产业、社会互助经济等领域。

在金融领域，创建了 1.5 亿—2 亿欧元的"绿色基金"，为在生态转型领域投资的公司提供资金支持。鼓励工业、手工业发展，尤其是艺术手工业的发展。手工业的"巴黎制造"商标旨在促进产品和专业技术的推广，已授予 500 多名工匠。

在健康领域，提供 12.6 万个就业岗位。巴黎公共援助医院（AP-HP）拥有欧洲最大的医院网络，覆盖 39 家医院和 10 万名健康领域的专业人员。得益于市政当局的援助，尤其是土地支持，巴黎拥有 300 个公共和私人健康研究中心，共有 1.2 万名研究人员。巴黎积极推进健康领域的创新，孵化器和招商机构的面积达 3 万平方米，包括巴黎科钦研究所（Paris Santé Cochin）、视觉研究所（Institut de la Vision）、大脑和骨髓研究所（Institut du Cerveau et de la Moelle）等。

为提升城市的创新活力，巴黎动员社会各方积极参与，包括大学生、研究人员、科技创业公司，以及促使巴黎成为世界社会互助经济之都的社会创新者。加大对研究和高等教育的投资，增强城市人才吸引力，设法留住人才。巴黎有 16 所大学和 35 个研究机构，共 36.3 万名大学生。巴黎投入 5 亿欧元专门用于开发研究和高等教育的新场地，其中包括针对大学生的 6000 套宿舍。社会互助经济领域将社会效用、民主治理和经济连贯性联系起来，提供巴黎 9.4% 的工作岗位，就业人数达 15.4 万。自 2009 年以来，巴黎设立了社会互助经济奖杯，支持社会创新，为创新获奖者发放奖金。致力于帮助弱势群体融入社会的社会互助经济主体每年从巴黎市获得近 700 万欧元补助，这是为 6000 多名巴黎人提供培训或可持续就业迈出的第一步。

巴黎加大对创新初创企业的倾斜力度。巴黎是欧洲对初创公司和投资者最具吸引力的首都，拥有 1 万多家初创公司，其中 3000 家涉及尖端创新。巴黎采取了融资、定址援助等举措，启动多项计划，如巴黎企业创新计划、巴黎创新启动等援助创业公司，帮助企业融资，方便荣誉贷款，为新企业场所发放津贴。此外，还设立专门机构促进企业安置，如巴黎经济发展与创新机构、Paris&Co，以提升企业检测创新解决方案及与经济合作伙伴关系的能力。与此同时，积极开展投资培训计划，帮助尽可能多的受众求职。自 2014 年以来，已开展包括针对难民的职业法语基础培训和未来职业培训，如 Paris Code 进行的数字化培训及 Paris Fabrik 进行的绿色经济和本地制造培训，已有 1.5 万人从中受益。

除上述经济国际化的举措之外，巴黎开展了多维度的国际化行动。[①]

第一，巴黎市政府以与城市组织、城市进行合作或者参与国际行动计划的形式，积极开展优先发展领域，如城市吸引力、城市创新、城市生态、国际团结等方面的国际合作。

巴黎参与包括 C40、AIMF 等在内的数个组织，与世界 70 多个城市签订公约，回应共同面临的重大挑战，如健康与艾滋病毒和艾滋病、水资源利用、废物管理、人权捍卫和男女平等。

巴黎的难民接待行动是未来包容性城市建设的组成部分。得益于其独特的历史，巴黎肩负起特殊的历史责任，在国际政策中发挥指导作用。巴黎的精英阶层和普通百姓都参与了首都的建立，进行了反抗，经历过野蛮，总是展现出强大、团结的精神面貌。正是在巴黎，1789 年的《人权和公民权宣言》和 1948 年的《世界人权宣言》被通过。

---

① https://www.paris.fr/pages/paris-a-l-international-2433，2020-03-15.

巴黎积极参与国际团结与合作行动，在国际舞台上彰显其价值、技术和文化。发展与最贫困人口的团结是巴黎市国际行动的优先事项之一，巴黎市政府每年为此投入超过 650 万欧元。巴黎参与联合国千年发展目标项目的实施，在公共援助发展领域处于世界领先地位，提供广泛资助和支持，以捍卫和彰显其在国外的价值、技术和文化。

巴黎积极开展与其他城市的技术合作，动员了巴黎市及其合作伙伴服务机构的专家，涉及公共交通和运输、建筑和住房、绿地、清洁、健康、学校事务等领域。包括法国外交部和国际发展部在内的机构、技术和金融合作伙伴及法国发展署等其他资助方均参与了项目援助。近年来，巴黎在交通、卫生、健康、清洁、绿地等领域实施大型合作项目建设。合作项目是真正的实验室，在未来将更加多元，覆盖更多巴黎优先发展的领域，如国土整治、可持续发展、数字经济和服务、能源转型等。

巴黎积极拓展国际合作领域，走在应对气候变化、改善空气质量与可持续发展等领域的前沿。巴黎支持并动员了世界大都市网络，以实现联合国倡议的可持续发展目标。早在 2007 年，巴黎就通过了一项雄心勃勃的气候计划，并在旅游、住房、城市规划、资源和废物管理、食品等多个领域制定了广泛的行动计划。在国际层面，2015 年第二十一届联合国气候变化大会（COP21）期间，巴黎组织了地方议员气候峰会；目前巴黎负责城市气候的领导小组 C40 已将行动日常化。C40 创建于 2005 年，是致力于应对气候变化的国际城市联合组织，拥有近 100 个城市成员。C40 旨在实施第二十一届联合国气候变化大会通过的《巴黎协定》，将全球气温上升幅度限制在 1.5° C 以内。C40 优先事项中有两项受到《巴黎协定》的启发：一是旨在呼吁实施创新城市规划的重塑城市计划，二是确保最佳初创公司运用数据改善城市生活质量的数据城市计划。

第二，巴黎通过不同的形式促进文化交流，充分发挥其法语和文化之都地位在全球化中的作用。巴黎和法语命运共享。法语共同体遍布五大洲，讲法语的人多达 2.74 亿。巴黎凭借其巨大的影响力，吸引了许多作家、艺术家、经济和政治参与者、游客。巴黎是法语城市网络的中心，与汇集了全球 200 多个城市会员的国际法语国家市长协会进行合作。巴黎拥有 70 多个图书馆、17 个音乐学院、100 个市政文化设施和 96 座文化建筑，为巴黎本土和法语世界作品的展出提供丰富和优质的平台。巴黎积极参与各种形式的法语推广，通过支持文化产业和与法国文化中心合作的形式来实现。

巴黎的文化氛围独特，富有创意和创新性，具有高目标和高要求。巴黎文化机构众多、分量重，艺术活动精彩纷呈，艺术家类型多样。巴黎与世界其他城市的文化对话活跃，具有强大的国际吸引力。巴黎每年迎接近 900 部电影的拍摄和 300 万人次参观市政博物馆的游客。巴黎于 2002 年创立的不眠之夜（Nuit Blanche）如今在全球许多城市举办，包括布鲁塞尔、京都、墨尔本、台北、洛杉矶、墨西哥、阿克拉等。巴黎与全球 40 多个首都和大城市进行文化项目合作，保障巴黎的艺术舞台输出到国外，同时也欢迎来自世界各地的艺术家和知识分子。

文化对话的重申构成国际文化行动的基础，文化活动通过向所有观众开放，对艺术提出新的要求，以增强文化多样性。巴黎采取多种举措达成此目标，包括设立艺术家驻地，与法国文化中心签订协议，援助巴黎文化参与者，活跃部分网络如针对避难城市流放艺术家的国际避难城市网络（ICORN），等等。

第三，巴黎加强与欧洲的密切联系，共同致力于建设更加团结、有活力、宜居的城市。巴黎与欧洲其他国家的首都和主要城市签署协议，为丰富文化活动和交流创造了必要条件。巴黎积极与欧洲其他大城市建立合作伙伴关系，参与欧洲城市联盟、能源城市计划、欧洲城市和地区委员会（CCRE）等欧洲大城市网络。与巴黎签署协议的欧洲城市有阿姆斯特丹、雅典、巴塞罗那、柏林、布达佩斯、哥本哈根、埃里温、日内瓦、伊斯坦布尔、里斯本、伦敦、马德里、米兰、莫斯科、布拉格、罗马、圣彼得堡、索非亚、斯德哥尔摩、第比利斯、都灵、华沙、维也纳等。

巴黎市政当局与欧洲项目密切合作，拉近欧洲与公民的距离，推进欧洲计划在巴黎人日常生活中的具体实践，并集中资源大力支持对巴黎人具体和实用的项目。"欧洲2020年"战略旨在到2020年实现更合理、可持续和包容性的增长，其结构、投资基金、各类计划均满足地方需求。巴黎促进并鼓励本市参与者使用欧洲基金，并支持其项目的组建和跟踪。得益于欧洲社会基金会的支持，巴黎资助职业融入行动，改善被边缘化的巴黎人的就业状况。总体而言，2014—2020年，超过2500万欧元被投入到欧洲社会基金就业和融入国家行动计划。为巴黎第18、19和20区的优先区启动城市发展系统"综合领土投资"（ITI），2014—2020年，法兰西岛欧洲区域发展基金和欧洲社会基金区域行动计划提供1000万欧元的资助，支持致力于创业、培训、数字技术与应用、改善城市环境质量的地方项目。

巴黎对欧盟的支持主要体现在欧洲之家、欧洲日、巴黎欧洲标签和对欧洲协会的支持等几个方面。自1956年以来，巴黎市支持欧洲之家的创建，致力于欧洲在巴黎的推广。欧洲日由巴黎委员会代表、法国议会代表办公室和欧洲之家共同组织，每年5月（即欧洲月）在市政厅的前院和各个区举办，成为欧盟成员对话、交流和庆祝的契机。设立巴黎欧洲标签，支持欧洲项目框架下的协会。2017年，共计16个协会从巴黎资金支持中受益。支持欧洲协会及在巴黎举行的欧洲会议和文化互动活动。支持巴黎外国文化协会论坛（FICEP）和欧洲文化中心联盟（EUNIC）的文化倡议、国际文化促进网络和欧洲机构的倡议，如参与欧洲语言日（9月26日）活动和欧洲LUX电影奖。

2007 年以来，大巴黎计划成为巴黎国际化发展的系统化举措。[①] 大巴黎计划由时任总统萨科奇发起，旨在将巴黎大都市区打造成 21 世纪的大都市，确保其在国际大城市竞争中的地位。大巴黎计划以完善公共交通网络为主要杠杆，涉及经济、住房、高等教育、文化、体育与环境等领域，以切实改善居民的生活环境，纠正领土治理上的不平等，建设可持续发展城市。

大巴黎计划以建立公共交通网络为基础，连接区域主要经济集群，新网络站点成为支持地区发展的桥头堡。同时实施地区国土治理政策，以保证新交通网络和车站达到预期的发展效果。项目投资超过 350 亿欧元。地方当局和国家共同制定《领土发展合同》（CDT），成为仅次于交通网络的第二大支柱，以保证大巴黎计划目标在各地，尤其在车站附近的实现。

在经济方面，法兰西岛工商会数据显示，到 2030 年，大巴黎地区每年将创造超过 600 亿欧元的公共收入。2015—2020 年的年增长率为 1.5%—2%，2020—2030 年为 2%—2.5%，之后为 3%。法兰西岛工商会预估，大巴黎地区将总共为法国 GDP 做出 1400 亿欧元的贡献。在就业方面，交通建设和翻新工程每年为公共工程领域创造 1.5 万—2 万个工作岗位；从长远来看，该交通网络的启用将大幅提升法兰西岛的吸引力，创造 11.5 万—31.5 万个就业岗位。大巴黎计划也促进研究、创新和产业发展，确立了 7 个战略发展集群：创新和研究集群萨克雷（Saclay）、健康集群维勒瑞夫—埃夫里（Villejuif – Evry）、金融集群拉德芳斯（La Defense）、创新集群圣德尼—普莱耶尔（Saint-Denis – Pleyel）、国际贸易和事件集群华西戴高乐（Roissy CDG）、航空业集群勒布尔歇（Le Bourget）和可持续发展城市集群笛卡尔—马恩拉瓦莱（Descartes – Marne-la-Vallée）。

在住房方面，预计每年建造 7 万套新住房，以应对市区和郊区日益严重

[①] http://www.grand-paris.jll.fr/fr/projet-grand-paris/presentation-generale/，2020-03-15.

的住房危机，从而弥补住房不足。这些建筑必须尊重城市可持续发展的理念，靠近基础设施。大巴黎快线沿线的站点被确定为地方发展的战略和结构性场所，将会产生新的混合居民区，呈现住房、商业、大学集群和文化设施相互交织的情况。

高等教育是展示法国教育卓越成就的窗口。巴黎是高等教育的重要场所，有 16 所大学、60 万名学生，其中 10% 是外国人，另有 7 万名教师和研究人员，面临知名度打造和接待等问题。大巴黎项目预计采取多项行动计划，优先进一步全面提升法兰西岛大学的水平，改善教师、研究人员和大学生的工作与生活条件。其主要涉及以下几个方面：学生宿舍的建设、图书馆和体育馆的翻修以及大学组织的简化、合并和校舍翻新。

在文化方面，将塞纳河轴线打造成大巴黎文化遗产的真正载体。丰富的文化资源主要集中在巴黎市，法兰西岛其他地区文化元素较少，且交通不便。大巴黎计划将为法兰西岛所有居民创造更多享用文化成果的机会。多元文化发展战略围绕两个主轴展开：一方面，为通向大型文化设施提供便利的交通；另一方面，恢复位于更偏远地方的文化场所，以及在塞纳河河岸建立众多文化场所。

在体育方面，将巴黎建设成世界大都市的领导者。体育是社会凝聚力的重要载体。庞大的体育设施有助于促进大都市建设。体育基础设施和体育活动在大巴黎计划中起基础作用，巴黎致力于提升业余、高级和专业等不同级别体育活动的水平，组织、举办大型国际体育赛事。体育基础设施发展计划已明确多项行动，《领土发展合同》也考虑到体育运动、主要体育设施的建设和翻新，以及体现大巴黎风采的体育赛事的举办。

在环境方面，打造竞争力强、低能耗的城市。大巴黎计划是法兰西岛的可持续发展项目，建设关心环境、实现生态转型的可持续发展城市。推动已实现城市化地区的建设，保护自然区，通过开发偏远地区来保证城市的平衡发展。未来公共交通网络系统将提供私家车的替代品，在保障居民流动性的同时，限制每天的出行时间，以减少温室气体的排放。

大巴黎计划是一个全局项目，动员并汇集了以下参与者：国家，地区，地方当局，大巴黎大都会（MGP），大巴黎国际小组（AIGP），避难、移民和融入基金会（AMIF），区域和跨省设备和治理部门（DRIEA）等机构参与者；商会、区域发展处（ARD）等社会经济参与者；法兰西岛运输联合会（ILE-DE-France MOBILITES）、巴黎大众运输公司（RATP）、法国国家铁路（SNCF）、法国铁路网络公司（RFF）、巴黎机场集团（ADP）、交通运输自主权组织（GART）等交通运输参与者。上述机构跨职能参与大巴黎计划的构想和实施。

大巴黎公司（SGP）和大巴黎大都会是实施大巴黎计划的两个主要机构。大巴黎公司是国家控制的全新公共机构，负责新地铁的项目管理，依托2010年《大巴黎法》而成立。大巴黎公司由土地和住房平等部，生态、可持续发展和能源部与经济和金融部共同监督，负责新自动化地铁大巴黎快线的设计和建造，尤其负责线路和固定设施的建设、车站建设和布局、列车设备的购置。大巴黎公司负责治理或建设业务，在签署《领土发展合同》的市政当局的领土上行使治理权。如果发生在尚未签署《领土发展合同》的市政当局的领土上，则在咨询有关市政当局后，在站点周围400米半径内进行行动。在《领土发展合同》的准备和连贯性维持方面，大巴黎公司发挥协助法兰西岛省长的作用。大巴黎公司和与大巴黎计划有关的所有其他外部参与者，如法国铁路网络公司、法国国家铁路、巴黎大众运输公司等基础设施管理者，法兰西岛运输联合会、议员等保持长期联系。

大巴黎大都会（MGP）是大巴黎的治理机构，于2016年1月1日为法兰西岛的领土公共行动而设立。大巴黎大都会是跨社区合作的公共机构（EPCI），自负税费，涵盖巴黎直辖县市、小巴黎三省（92省上塞纳省les

Hauts-de-Seine、93 省塞纳 - 圣丹尼 la Seine-Saint-Denis 和 94 省瓦勒德马恩 le Val-de-Marne ），以及大巴黎七省。分为 12 个至少拥有 30 万居民的领土，巴黎本身构成一个辖区。总体而言，大巴黎大都会聚集了超过 700 万居民，占法兰西岛总人口的一半以上。大巴黎大都会享有五大重要策略职能，即地方住房政策，都市空间治理，经济、社会和文化发展，城市政策与环境保护。其中地方住房政策的重要性位居首位。但是，城市没有交通管辖权。除隶属于大巴黎公司的大巴黎快线之外，交通管辖权仍归属于法兰西岛运输联合会（以前称为 STIF ）。

大巴黎计划总投资额近 350 亿欧元。资金来源于专项税收、可选用的国家补助金、地方政府补助金和借款。已经实施三类专项税收。第一，本地办公室税。该项税费由企业所有者缴纳，一部分税收惠及大巴黎公司，另一部分上缴国家。自 2014 年起，国家不再征税，全部税收用于大巴黎公司的融资。第二，专用设备税。该项税费加入住房税和财产税，由法兰西岛所有纳税人和企业缴纳。第三，交通网络公司固定税。该税收针对 RATP 运营的列车设备而征收，以资助大巴黎计划。必要时，国家向大巴黎公司提供 10 亿欧元的额外预算资助，自 2015 年起根据公司的融资需求而定。地方行政也应国家要求出资 2.25 亿欧元。对新地铁的资助分数十年进行。

此外，与储蓄银行和欧洲投资银行签订初步合同，剩余部分采取发行债券的形式筹措。需要注意的是，大巴黎计划的预算由最初的 250 亿欧元上调至 350 亿欧元，2018 年初，政府将寻找资金新来源的任务委托给议员卡雷。最终，大巴黎公司从各站点自试运营开始的商业运营收入，以及因其公共领域被占用而产生的特许权使用费中受益。

第二节　里昂大都会的城市国际化

里昂是法国第二大经济体，具有雄厚的工业基础、较强的经济吸引力，充满创新创业的活力。里昂城市宜居，旅游和美食享誉世界；举办多种国际和国内赛事，包括贸易展览会、会议、演出、体育赛事。面对竞争日益激烈的国际环境，里昂积极加强对外联系，并推出国际营销品牌和计划。ONLYLYON 标志已成为里昂大都会国际影响力的真正象征，成为大里昂地区的所有机构和经济参与者发展对外关系时使用的标志。为激发城市创新和创造力，里昂实行"里昂智慧大都会"战略，协同共建智慧、创新、可持续和有活力的大都市。这是一种新型城市构建方式，汇集该地区所有参与者和居民来应对城市挑战，支持新的城市实践，打造里昂式生活方式。里昂智慧大都会建设横跨各个领域，利用城市转型进行创新，为整个大里昂地区创造经济和社会价值。

里昂具有较强的经济吸引力。2017 年普华永道与城市土地研究所联合出品的欧洲房地产新兴趋势表明，包括投资商、开发商、银行家、经纪人和顾问等在内的 500 位房地产专家认为，里昂在欧洲最具吸引力城市中的排名由 2016 年的第 26 位上升到第 10 位。2014 年《金融时报》和《外国直接投资情报》关于未来欧洲城市和地区的报告显示，里昂在欧洲最吸引外来投资的城市排名中居第 15 位。2015 年全球位置趋势和 IBM 报告显示，里昂在世界最吸引国际投资的城市中排名第 19，欧洲排名第 7。2016 年法国城市吸引力晴雨表和安永报告显示，国际投资者认为里昂是法国城市中可以挑战巴黎的第一大都市。2015 年普华永道关于今天的城市、明天的大都会调研表明，里昂在法国最具吸引力城市中排名第一。2016 年《拓展—快报》杂志排名显示，里昂是法国第一商务友好型城市。在 2015 年度 2thinknow 创新城市全球指数中，里昂在欧洲最具创新城市中排名第 15，世界排名第 30。[①]

里昂是宜居城市。2016 年美世咨询（Mercer）调查显示，里昂在世界最宜居城市中排名第 38。2015 年《管理者通讯》调查显示，里昂是法兰西岛行政人员的首选目的地。2015 年《经济学人》智库关于最宜居城市的调查显示，里昂在国际排名中居第 30 位，在欧洲居第 16 位。

里昂旅游与美食的名声享誉世界。2016 年世界旅行奖将里昂评选为欧洲周末最佳目的地。2016 年猫途鹰（Trip Advisor）调查显示，里昂是法国第三大国际旅客最喜欢的目的地。2015 年《卫报》（*The Guardian*）调查显示，里昂是欧洲十大旅游城市之一。2015 年《国家地理》十大美食城市排名显示，里昂是世界第五大美食城市。

里昂大都会通过建立伙伴关系、实施合作项目，与世界上许多城市优先保持联系。里昂大都会参与了地方当局网络，旨在促进实践交流，与欧盟和联合国等国际机构一道，在世界范围内提升城市驱动力。国际参与体现为以下几种形式。第一，双边合作。与合作伙伴城市和其他战略目的地开展合作与实践交流；支持学者、企业家、协会、艺术家等本地参与者的国际拓展向伙伴关系城市靠拢，动员上述享有特权的联系和关系围绕大都会的主要国际项目运行。[②] 第二，分权合作。动员里昂市及其大都会的专家，援助发展中国家的地方政府，增强其地方治理能力，使尽可能多的人获得基本公共服务；与国际基金捐助者建立伙伴关系，支持该地区的国际团结主体。第三，参与欧洲事务。城市公共政策专家之间的实践交流围绕欧洲项目，实施欧洲当局的影响力战略。第四，参与国家和国际城市网络。引导、组织和支持里

[①] https://www.aderly.fr/lyon-dans-les-classements/，2020-03-20.

[②] http://www.economie.grandlyon.com/tous-les-partenariats-internationaux-villes.html，2020-03-20.

昂市和里昂大都会投资的地理或主题网络。①

在世界城市竞争日益激烈的背景下，为提升里昂的国际影响力，2007
年，13 个本地机构合作伙伴创立国际营销品牌和计划 ONLYLYON。13 个联
合创始人分别是 ADERLY/ 投资里昂、里昂机场、里昂工商会、罗纳工艺美
术商会、罗纳省中小企业联合会、里昂市会议中心、里昂大都会、罗纳省、
里昂会展中心、里昂 - 罗纳省企业行动联盟、ONLYLYON 旅游和会议、里
昂大学与院校共同体、里昂市。该策略建立在里昂地区治理模型的基础上，
如今汇集了 28 个公共和私人合作伙伴。

ONLYLYON 动员所有力量提升里昂的国际声誉和竞争力，以达到吸引
人才、项目和游客的目的。该计划由所有合作伙伴共同实施，合作伙伴可
在各自领域内单独行动，也可通过专门工作小组协调集体行动。专门工作
小组由 7 名隶属于里昂地区经济发展局的人员构成，与里昂活跃的国际力
量有密切联系。ONLYLYON 推广策略在涉及领域和行动支柱方面都是横向
的，既关注领域，也关注市场，既注重通信，也借助媒体关系，其使命是
打造独一无二的里昂，让世界人民认识里昂，热爱里昂，来到里昂。为此，
ONLYLYON 团队独自行动或在合作伙伴的支持下，采取了一系列旨在提升
里昂国际形象和声誉的手段，既采用了宣传、媒体报道、使馆网络和数字战
略等传统行动方式，也增加了一些新的举措。②

里昂注重智慧大都会建设。到 2050 年，70% 的世界人口将居住在城市。
人口集中对环境、住房、经济、交通和公民福祉等方面提出新的挑战，也为
创新城市发展策略提供绝佳机会。里昂实行"里昂智慧大都会"战略，协同
共建智慧、创新、可持续和有活力的大都市。里昂智慧大都会是一种新型构
建城市方式。里昂大都会汇集该地区所有参与者和居民来应对城市挑战，激

① https://www.grandlyon.com/metropole/relations-internationales.html，2020-03-20.
② http://www.onlylyon.com/onlylyon/la-demarche.html，2020-03-20.

发该地区的创新和创造力，支持新的城市实践，打造里昂式生活方式。里昂智慧大都会建设横跨各个领域，利用城市转型进行创新，为整个大里昂地区创造经济和社会价值。

里昂智慧大都会通过部署基于"共同行动"模式的创新方法，发展集体力量，通过在整个领土范围内促进创新，让城市经济发展更高效，让城市更宜居。该模式可概括为以下几点：与用户一起采用开放创新的方法开发新的城市服务；采用灵活的方法整合并预测数字化发展；实现公司和公民的共同开发，以确保创新和试验的顺利进行；通过激活公民身份的新形式，拉近与公民的距离；采取与区域合作伙伴共享的方法和行动。

"里昂智慧大都会"战略遵循 4 个基本原则。第一，采用涵盖能源、交通、新服务、经济发展、环境和城市规划等领域的整体方法。第二，战略的核心内容是居民实施具体项目并获取直接收益。第三，合作项目涉及该地区的公司、学术和机构合作伙伴、公民等参与者。第四，在整个区域内进行不同规模的试验，以测试创新解决方案并检查其技术可靠性。

该战略的 4 个支柱分别为新型出行方式、数字服务、能源和创新条件，体现出里昂智慧大都会的四大特点。[1]

第一，倡导新型出行方式的灵活城市。出行是处于"里昂智慧大都会"战略核心位置的社会、环境和经济问题。新型出行方式必须对人口变化（如人口密度、居住区、经济中心）和所有参与者的期望做出回应，以便产生真正的出行人机工程学。大里昂地区优先采用多式联运的方式，开发了共享的交通解决方案，以及用于预测交通量、管理流量和优化城市物流的工具。

第二，数字服务健全的便捷城市。数据的掌握和处理是数字智能城市发展的基础。大里昂地区提供了公共数据平台——大里昂数据平台。运营商可

---

[1] https://www.grandlyon.com/projets/metropole-intelligente.html，2020-03-20.

在该平台上长期交换各自的数据。该平台已经能够在记录时间内实时处理数据流——大数据。数据使得新服务的开发成为可能，目的是使城市环境更适宜居住，更便于出访和工作。大里昂地区设置一系列服务来简化城市居民生活。这些服务使人们能够仅通过一个手势来获取文化和旅游信息，今后则可通过非接触式技术获得一系列服务。

第三，能源转型的可持续发展城市。能源的管理和分配是大都会地区未来几十年面临的主要挑战。大里昂的智能电网能够对用户负责，为之提建议，从而降低能源消耗。这也是正在使用的新能源经济模型的一部分。

第四，优化创新环境的城市试验室。创新是可持续经济发展的引擎。大里昂为区域参与者提供了开展高潜力项目所需的基础设施和条件，如超高速网络、真实测试、数据、用户面板、创新开发过程中的个性化支持（专用房地产、共享办公空间、招商服务机构等）。地方行政建立了围绕大学和实验室创新与清洁技术和数字化等的部门策略、创新策略、大学策略和创业支持系统展开的完整生态系统。

此外，为实施此策略，还需确保在本地区部署超高速网络。超高速网络具有卓越的数据传输速度和质量，为彻底改变城市未来提供了必要保障，为实现智慧城市创造了必要条件。里昂大都会支持其领土范围内的超高速网络部署，以便所有市政当局和居民都能从中受益。为此，与电信运营商签署了一项协议，以监视和促进超高速网络的安装。超高速可以通过电缆网络和光纤网络这两种技术来实现。电缆网络已在大里昂地区70%的房屋中使用，光纤网络正由私人运营商部署。这些技术能让人们更快速地访问互联网，提供电视、电话、互联网等多种服务，并具有许多其他优势。例如，流量稳定，不受插座与连接中心距离的影响；同时在电视、平板电脑、智能手机或计算机等多个终端获得最佳体验；无雷电或其他干扰信号，可实现不间断连接。房屋所有者或共同所有者的工会可申请光纤的连接，然后与所选的电信运营商签署协议，以进行安装、管理和维护。每个房主或租户都可以根据所提供的报价选择运营商。

在智慧大都会建设的众多举措中，创新公司与重大项目和实验发挥了重要作用。[①] 首先，大里昂地区凭借协作空间和创新服务促进本土创新公司的发展。TUBÀ 是里昂的城市实验地，位于帕尔迪区的中心。这是一个运用公共和私人城市数据来帮助创新企业创新、孵化和发展的地方。该协会汇集了40 个公共和私人合作伙伴，倡导采用协作性和参与性的方法；联合了地方行政、大型集团、中小型企业、初创企业、研究实验室和公民，来进行创新解决方案的设计和试验，以使人们更好地在城市中生活。TUBÀ 的任务是与用户一起开发创新服务，为基于公共和私人数据的开放提供活动和工作。

其次，里昂大都会领导数十个重大创新项目和实验。

在社会领域，进行实地研究和前瞻性研究两个探索性研究，以搞清楚"大众社区"和"智慧城市"之间的互动方式。实地研究"优先社区中的智慧城市"旨在确定数字和智慧城市方面的计划和参与者，调查地方项目负责人的需求和项目发展前景。该研究在大里昂地区的 4 个城市瓦卢克斯—韦林、布朗、里勒—拉—帕佩和韦尼斯西进行，汇集了代表 20 个领域的 38 个本地参与者。

里昂大都会鼓励数据开放，建立公共数据服务，以支持创新，鼓励公民参与。大里昂数据平台提供公共数据，是促进实验、创建新服务的关键工具，为该地区经济的可持续和团结发展做出贡献。MesInfos 项目专注于个人数据的生产、使用和共享。其目标是在公民的私人生活领域或与他人互动的行为领域创造新的机会，如数字身份的掌控、消费行为的控制、公民间更进一步的互相了解等。这项实验在新一代互联网基金会（Fing）的主持下开

[①] http://www.economie.grandlyon.com/smart-city-lyon-metropole-intelligente-47.html，2020-03-20.

展，得到超过 15 个合作伙伴的支持。该基金会是一个致力于数字化转型的智囊团和行动小组。

为应对空气质量方面的挑战，里昂大都会在氧气计划和智慧大都会战略的框架内，创造创新条件，并与本地区的合作伙伴共同寻求创新和参与式解决方案。目标是通过数字杠杆改变公民行为，提升减少排放物和处理排放物的技术能力，提升城市监测能力。目前，已采取如下开放式创新举措：2016年 11 月 10 日，在集合了本地该领域整个生态系统的联合活动"空气质量与数字"举办之际，启动了空气质量的开放式创新方法，并推动建立一个信任章程，以争取所有合作伙伴的参与；2017 年，发起创新挑战，以支持从构思到原型制作再到实验的新解决方案，以期最终在本地区运营上述创新服务。

在能源过渡和智能电网方面，大里昂地区是欧洲第一个智能电网试验区，能够最大限度地节约能源和管理消耗。大里昂地区拥有大量项目，如与新能源产业技术综合开发机构（NEDO）合作的里昂智能社区、格林斯（Greenlys）、里昂智能电器、瓦特与我、Linky 的实验性部署，以及与阿姆斯特丹、哥本哈根、维也纳、热那亚和汉堡合作的欧洲"变革"项目。里昂智能社区项目在康弗伦斯区得以实施和发展。2015 年 9 月，启动欧洲第一个涉及办公室、商店和房屋的正能量混合岛 HIKARI。HIKARI 建筑将生物气候建筑的卓越能源性能与可再生能源的生产和建筑物的网络运营相结合。

里昂在法国政府发起的"可持续城市的工业示范者"项目征集活动中获胜。在此框架内，诞生了多合作伙伴项目里昂生活实验室，其最终目的是在大里昂范围内创建一个中立的多能源数据和能源优化领域的运营商。里昂大都会的角色在康弗伦斯区的具体展示中得以体现，综合考虑环境适应力及为公众健康和福祉而行动的意愿，以增加城市的吸引力。

在城市水管理方面，为应对与水质有关的挑战，里昂大都会使用传感器、监控、建模等新技术改善水资源保护，为用户开发服务。2015 年 2 月，在公共服务代表团合同的框架下成立了 Hublo 饮用水开发总监督中心，监督中心收集与供水服务运营有关的所有数据，如自然资源、工厂、网络、客户等，实时显示和分析上述数据，优化干预措施，特别是减少漏水和能耗。其服务了约 130 万名居民，截至 2018 年，每月部署 1 万个已连接电表。

里昂大都会还实施一些重大项目以寻找新型出行方式。里昂和欧洲项目 OPTICITIES 旨在改善城市交通。里昂和欧洲项目 CITYLOG 旨在改善环境问题中的城市物流。Optimod'Lyon 是欧洲第一个 1 小时交通预测项目。2015 年 5 月，大里昂地区与包括公司和研究实验室在内的 15 个合作伙伴共同完成为期 3 年的研发项目。该项目收集了大里昂地区所有的出行数据，以开发 4 项关键服务：第一个智能手机上的多模式 GPS、世界上第一个收集所有出行服务的网站、一个城市货运浏览器和一个送货路线优化工具。欧洲光学项目将继续进行创新服务的研究和开发。

里昂大都会与专业人士和协会一道致力于改善人口健康状况，并在整个领土范围内提供优化的和个性化的护理。重点是通过建立健康信息系统加强医疗人员和社会行为者之间的协调，通过建立卫生观测所来更好地了解民众的需求。帕斯卡林计划旨在开发一套创新医疗服务，以改善使用者的出行情况，并在最佳的安全性和保密性条件下促进医疗、卫生和社会领域专业人员之间的交流。最终目标是提高用户成为自身健康参与者的能力。帕斯卡林计划包括以下内容：建立电子疫苗接种记录、区域支持平台、用于管理复杂卫生路径的卫生专业人员支持系统；建立独一无二的行动轨迹计算机软件，用于受扶养的老人住宿（EHPAD）注册。

为提升智慧大都会的创造力，里昂大都会开放并加速设计方法转变的创新，为创建和共建的自由留出更多空间，让所有背景的"发明家"充分使用工具、数据及想象力。为建设成为一个更加惊人、更具活力、更具互动性的大都市，里昂大都会与居民、专业人士和企业家共同构想丰富城市的新体验。"混音"（Remix）的方法着重于一个地点及其社会、城市、用户环境和约束。它不响应命令，意味着重新占用、创新和共同创造。通过加强不同社区的用户、专家和创意人员等之间的协作，在真实环境中沉浸 2—3 天的时间，借此促进技能的交叉应用。通过实验和原型制作，里昂大都会产生了各种创新思想和项目，并将其融入公共行动中。

第 五 章
商贸会展领域

第一节　法兰克福展览公司

　　法兰克福市以其长达 800 多年历史的贸易展览而闻名。在中世纪，来自不同国家和地区的商人在市中心的建筑"罗马市场"集会，该建筑之后逐渐发展成为大型的贸易市场。第一个以书面形式记录的法兰克福贸易展览会则可以追溯到 1240 年 7 月 11 日，法兰克福秋季交易会由当时的皇帝弗雷德里克二世召集，他宣布前往展会的商人的人身和财产安全受到他的保护。1330

年 4 月 25 日，法兰克福春季博览会也获得了皇帝路易四世的批准。从这时起，法兰克福每年在春季和秋季举办交易会，在这一历史的基础上，逐渐形成了现代法兰克福展览会的基本结构。

法兰克福展览公司是世界上最大的贸易展览会组织者之一，拥有自己的展览场地。该展览公司在全球约 30 个地点拥有 2500 名员工，年销售额约为 6.61 亿欧元。其服务包括租赁展览场地、贸易展览会建设和营销、人员和饮食服务。该公司总部位于美因河畔的法兰克福，由法兰克福市（60% 股份）和黑森州（40% 股份）共同所有。就展览会会场的大小而言，美因河畔法兰克福展览中心是仅次于汉诺威和上海国家会展中心的世界第三大展览中心，建筑面积 592127 平方米，共有 11 个展厅，展览面积 393838 平方米，室外空间约 60000 平方米。

法兰克福展览公司不仅是全球最大的、拥有自己独立场地的展会组织者，还是唯一一家多年来一直依靠自己的盈利独立开展会展业务的公司。法兰克福展览公司出色的战略和可持续发展的策略为企业和社会创造了强大的动力，起到良好的协同作用，这要归功于管理层团队的正确领导。2019 年，法兰克福展览公司的营业额再次刷新了自己在本国的业务记录。作为一家优秀的企业，它为整个城市、地区和整个德国带来了高额回报。凭借稳定的增长，法兰克福展览公司正在不断扩大其全球市场份额。自 2010 年以来，该公司已收购了几十个公司，并将它们整合到其投资组合中，成功实现了整体性发展。

自 20 世纪 80 年代以来，全球化和数字化将世界各地的产业聚集在一起。价值链遍布世界各地，新的生产基地和新的市场已经出现，但当时很少有人能勇敢地预见到这一点。同时，供应商和客户都可以在线查找信息并随时开展业务，这一发展也影响了交易会行业。法兰克福展览公司根据各地区情况，在各大洲设置了特定的"会外活动"，还开发了一个数字业务平台，邀请全球行业团体全年进行联网和交流。

法兰克福展览公司于 1987 年首先在中国香港地区成功地实现了国际化。法兰克福展览公司进入中国市场 30 多年，抓紧中国不同阶段的改革机遇，积极响应中国政府政策，在中国取得斐然成绩。在法兰克福展览公司的支持下，仅 2018 年，其就在全球举办了近 500 场展会，共计迎来超过 10 万家参展企业和 450 万参观者。这使法兰克福展览公司凭借自己的展览中心成为世界上最畅销商品的组织者。

法兰克福展览公司正将其领域向全球扩展。该公司越来越多地涉足非洲大陆，例如，扩展摩洛哥安全技术领域的业务就是一次创新的尝试。从 2020 年起，法兰克福展览公司开始与联合国合作伙伴关系办公室合作。

法兰克福展览公司正在着手实现总体规划中的最后一个目标。新的 5 号馆的建设计划于 2023 年完成。与古斯塔夫·泽克基金会的联合项目则预计将在 2024 年之前建设一座 33 层的高层酒店和办公大楼，位于展览中心的南入口。

第二节　捷克和斯洛伐克的国际化会展

布拉格展览中心（捷克最大展览中心）是一个拥有悠久传统的多功能展览场所。它是一个会展中心，也举办各种音乐会和文化活动。展览中心的中心建筑布拉格工业宫修建于 1891 年。最初，它用于纪念 1791 年第一次举办的波希米亚工业展览 100 周年。目前它成为捷克国家文化和经济发展的象征。

历年来的重要展览会有：国家周年展览会（1891 年），第一个汽车、摩托车、自行车国际博览会（1905 年），捷克斯洛伐克商会展览会（1908 年），捷克斯洛伐克产品博览会（1920 年开始），飞机展览会（1920 年），斯拉夫农业博览会（1948 年），捷克斯洛伐克国家周年展览会（1991 年）等。

近两年的活动有：夏天排队音乐会（2020 年）、儿童作坊（2020 年）、Gastro Expo 食品饮料节（2021 年）、运动产品展览会（2021 年）、制作者展览会（2021 年）、流行摇滚音乐节（2021 年）等。

布拉格贸易展览宫始建于 1925 年至 1928 年之间。该建筑位于布拉格的霍尔索维采，是布拉格最早的也是最大的功能主义建筑之一。它原来的功能是组织交易会之类的贸易活动，后来又成为国家外贸公司的所在地。如今，贸易宫已成为布拉格国家美术馆的所在地，宫内设有 20 世纪和 21 世纪艺术品的永久展览地及其他展览空间。自 1958 年以来，这座建筑被列为国家文化古迹。

布尔诺国际机械工业博览会（MSV）的会场是布尔诺（南摩拉维亚州府）的展览场。布尔诺国际机械工业博览会的传统始于 1928 年，当时布尔诺（位于布拉格和布拉迪斯拉发之间）被选为捷克斯洛伐克举办当代文化展览的地点。早在 1922 年，布尔诺市就获得了组织定期展览市场的权利。该博览会是欧洲第三大综合类机械展和中东欧地区最重要的工业类展览。

第一届国际工程博览会于 1959 年举行。自那时以来，国际工程博览会每年秋季都举行。博览会由 Veletrhy Brno（BVV）公司组织。Veletrhy Brno 是一家商业公司，在布尔诺市拥有一个具有重要建筑意义的展览馆，即布尔诺展览场。这里主要组织贸易展览会和展览。该公司成立于 1928 年，以"布尔诺贸易展览会"的名称进入了参展商和参观者的视野。公司的大股东是布尔诺法定市。

2018 年的国际工程博览会吸引了来自全球 32 个国家约 1650 名参展商，

有超过 8 万观众前往参观。总共 85 家中国大陆企业参展，展品主要包括激光设备、机床、工业自动化集成产品、节能技术、汽车零配件等。超过三分之一的参展商来自国外。

工程行业的所有关键领域涵盖 9 个专业领域，其展览伴随展览会与国际工程博览会一起举行。运输和物流的国际贸易展览会和环保技术 Envitech 的贸易展览会轮流举办，另外有 IMT、FOND-EX、WELDING、PLASTEX 和 PROFINTECH 贸易展览会也同时举行。

在捷克布杰约维采（南波希米亚州府）展览中心举行的国际农业沙龙已成为捷克共和国规模最大、参观人数最多的贸易展览会之一。农业展览的历史可以追溯到 1960 年，当时展览中心建立后，该地区首次举办了名为"1960 农业"的区域性农业展览。目前，捷克和国外的数百家参展商、贸易商每年都参加国际展览。展览由国家总统和农业部长主持开幕。农民主要侧重于农业机械化和生产的介绍。最初，它的作用应该主要是促进社会主义农业的发展，由于它有了丰富的配套计划，现在也吸引了广大公众和小农。展览活动包括但不限于品尝美食、烹饪表演和比赛、音乐表演。该展览会向机构、企业、访客及专业人士展示了整个农业食品领域，也展示了农业技术、食品生产、动植物生产和环境保护。该展览会也关注林业和水管理、种植和园艺。此外，展览会也介绍了许多机构、协会、基金会和其他组织。

斯洛伐克尼特拉农业和食品工业博览会于 1973 年在捷克斯洛伐克的尼特拉（今斯洛伐克南部尼特拉州）成立。1989 年，根据农业部的决定，尼特拉农业综合体（Agrokomplex Nitra）展览中心成立了。2007 年，600 多家企业参加。自 2017 年起，公司的商标名称更改为"农业综合体国家展览中心"，该公司属于国有企业。

尼特拉农业综合体展览中心作为农业和食品的国家展览中心，致力于实现以下目标：国际化和对外贸易增长潜力的利用、现代化和提高参展商及参观者的服务质量。尼特拉农业综合体展览中心组织大型展览会，包括家具和生活用品、机械工程、焊接、冶金和铸造、建筑技术、园艺、汽车工业、林业和木工技术等方面。

尼特拉农业综合体展览中心是斯洛伐克国家第一展览场，每年都举办各种博览会、展览会、贸易对接会等会议和其他贸易活动。

农业沙龙（Agrosalón）国际农业博览会是斯洛伐克同类活动中最重要的博览会之一。自成立以来，它为该领域专家的成功交流提供了稳定的平台，并介绍了农业技术和机械化领域的创新技术。它是在农业机械生产商和销售商努力的基础上成立的，是在 2007 年由斯洛伐克农业机械生产商和销售商协会（AGRION 协会）的大力支持下成立的一个专业展览会，每 2 年举办一次。

自 2011 年起，博览会在春天举行。博览会向国内外主要参展商展示了农业机械最重要品牌的制造商、销售商和进口商，以及国外参展商。该农业博览会为农民提供了良好的机会，使其可以在季前期为其日常工作选择合适的技术。博览会期间，有一个专业的节目，是关于农业最新主题的讲座，也就是所谓的"农家乐"（AGROBIZNIS）会议。

第三节　纽伦堡——国际玩具城

2020 年 2 月 2 日，为期 5 天的第 71 届纽伦堡国际玩具展在德国纽伦堡国际展览中心成功落下帷幕。共有来自 136 个国家的 63500 位专业经销商参加本次展览，现场展示的产品超过了百万种，包括2020年全球业界三大趋势相关展品。此外，这次会展还开展了一系列针对各个细分市场特殊需求的、内容丰富的活动，使看展过程更加圆满。

纽伦堡被誉为世界"玩具之都"，不仅有许多别具特色的玩具博物馆，上文提到的纽伦堡国际玩具展也在玩具产业中扮演了重要的角色。那么纽伦堡又是凭什么成为国际玩具城的呢？

最早的玩具是由黏土制成的，后来约在1400年，纽伦堡的税收记录中提到了第一个玩偶制造商，当时被叫作"码头制造商"（Dockenmacher）。由石膏或雪花石膏制成的"船坞"以"纽伦堡纵队"的名义穿越自由帝国城市的贸易路线。在木制玩具流行的时代，纽伦堡创新地用廉价高效的锡生产了锡玩具，这样的玩具轻巧又坚固，非常适合出口。随着生产技术不断提高，纽伦堡逐渐成为重要的世界玩具交易中心之一。玩具博物馆的馆长赫尔穆特·施瓦茨博士表示："纽伦堡已经有工匠专门从事锡、铜和黄铜制造，所以当工业化革命到来时，已有众多经验丰富的技术工人掌握使用机器生产薄铁皮的技能。纽伦堡同样也与世界各地保持贸易联系。这两个因素使得纽伦堡成为锡玩具制造的理想城市。"

纽伦堡代表着所有玩具的传统、经验和品质。德国约有一半的玩具生产工人在纽伦堡工作，他们与许多专门从事玩具开发和销售的公司——如VEDES（在欧洲玩具行业中拥有最悠久传统的零售商之一）或TÜV Rheinland（世界领先的玩具检测、认证机构之一）共同合作，德国生产的玩具中约有四分之一来自纽伦堡大都会地区，诸如Geobra Brandstätter、Bruder Spielwaren、BIG和Simba等著名的公司也都位于该地区。享誉国际的Playmobil人物——20世纪最成功的微型人物，也在这里首次创建。

当然，最著名的还是一年一次的纽伦堡国际玩具展。1949年，玩具行业决定建立一个贸易展览会。纽伦堡作为玩具城的传统，被选为展览会的举办地。如今纽伦堡玩具展已是国际上展出规模最大、最知名的专业玩具类成交性展览会。德国著名的 SCHLEICH 思乐公司拥有世界上品质最高的塑胶动物模型，世界知名的"蓝精灵"就是由该公司生产的，这家公司是纽伦堡国际玩具展的常客。由此可见该会展的专业和重要性。这样一个具有国际性质的展览同时也很好地揭示了玩具行业的快速变化。

展会有诸多显而易见的益处。据了解，专业展览会是能够提供独特产品展示形式和成熟配套方案的唯一平台。纽伦堡国际玩具展为国内及国际的生产商提供了一个极佳的交流平台，同时也为采购交易的活动提供了合适的机会。据德国展览业协会的调查显示，84% 的参展商表示，这样专业的会展使信息能够得到全面集中，形成了一个信息库，很好地促进了他们的贸易交流。

纽伦堡的国际化氛围十分浓厚，就 2020 年的展会为例，光是展会的面积就达到了 170000 平方米。18 个展厅回响着来自世界最高水平的关于玩具的交谈声。熟悉的品牌和新潮的初创企业遇到了顶级买家和独立零售商。纽伦堡国际玩具展吸引了无数有影响力的人和媒体代表，出现在成千上万的社交媒体和帖子中。

再也没有一个像 3A 大厅这样如此方便地展示趋势和创新的地方了。在 3A 大厅的产品世界中，观众受益于对新产品、获奖玩具、当前行业趋势和初创企业的紧凑型市场概述。在这里，人们能够了解玩具行业最新的全球趋势，享受玩具行业创新的产品展示、现场活动和免费讲座。国际时尚委员会提出本年度的三大行业流行趋势："面向未来的玩具""数字化走向实体"和"做你自己"。这三大流行趋势正是当前市场的真实写照，并受到了专业观众和参展商的高度欢迎。难能可贵的是数字游戏世界和经典游戏世界，以及环保意识的相互关联。泰国玩具制造商 PlanToys 的国际销售总监阿兰·德劳表示："纽伦堡国际玩具展完美地反映了我们的可持续发展理念，今后，这一理念将在本行业中占据更重要的位置。"展会举办方也计划在下届的纽伦堡玩具展里进一步扩大该主题。"玩具奖"每年都会在博览会上颁发给新产品。获奖的新产品因其创新程度、产品理念、创造力和游戏理念而从其他产品中脱颖而出，展示了行业的成就。对消费者来说，这也是一个很好的购买指南。

玩具展带来的旅游价值也是很高的，对这座城市的经济也大有裨益。纽伦堡商业顾问迈克尔·弗拉斯表示："纽伦堡欢迎来自世界各地的客人参加2020年玩具展。玩具展在71年后不断重塑自己——这对于作为商业和贸易展览会地点的纽伦堡大都会地区来说是一件好事。因为玩具展吸引了来自世界各地的游客、参展商。这样可以增强购买力，创造就业机会。我们的城市将自己展现为一个创新的商业地点。"

一个产业想要发展壮大，走国际化道路是不可避免的。纽伦堡在原有手工制造的基础上大胆创新，增加了新的生产元素，扩大了生产的规模，走出国门，并且始终坚持产品的高质量生产，种种品质才成就了如今这样一个全世界最负盛名的国际玩具城。[1]

---

[1] Stadtpotal Nürnberg. https://www.nuernberg.de/internet/stadtportal/index.html, 2021-05-02.

第 六 章
文化旅游领域

第一节　世界都会之路——尼斯旅游国际化

　　尼斯是法国南部海港城市，是法国第五大市镇、第二大旅游城市。自 19
世纪以来，尼斯的旅游产业迅速、蓬勃发展。随着文化和建筑的日益丰富，
今天它已成为仅次于巴黎的法国第二大旅游胜地。尼斯世界都会之路的成
功，得益于多方面的优越条件，更重要的是坚持不懈的开发与创新。

　　早在 18 世纪下半叶，尼斯地区壮观的自然风光和奇妙温和的地中海气

候就引起了英国上层阶级的注意。当时越来越多贵族家庭到此过冬。城市主要海滨长廊的"英国人步行街"之名就源自第一批游客。

"英国人步行街"的旅游声誉已经越过法国或欧洲边界。目前，无论是作为基础设施，还是作为旅游资源，这条著名的长廊都是尼斯的地标。事实上，它对城市商业和旅游平台的重要性，从其结构和使用上就能体现出来。

沿海修建海滨长廊的计划可追溯至19世纪初，是由英国贵族发起的。他们之前已经养成了在尼斯度假的习惯，并迅速得到了当地政府的支持，逐渐将最初的建议变成了法国里维埃拉堪称典范的长廊之一。长廊也是举办各种顶级活动的平台，越来越受欢迎的尼斯狂欢节是当地日历上的亮点。

尼斯以其梦幻般的气候、美妙的海滩和美丽的海岸线而闻名，同时也因其梦幻般的建筑而闻名于世。

从罗马别墅到各类当代住宅，地中海住宅条件中一个不变的特点是空间布局适应了气候温和所允许的户外生活。典型的布局是房子向前花园开放，以便将阳光时间、宜人的景色和防风保护结合起来。从街道上看，这种安排使得大量植物和树木点缀式存在，与巴黎豪斯曼式建筑的质感形成了鲜明对比。

尼斯的城市花园是在特殊旅游形式刺激下，在短时间内城市扩张所留下的遗产。独具特色的尼格雷斯科酒店（Hotel Negresco）拥有著名的粉红色穹顶，于1913年开业，此后，大堂内的16309盏巴卡拉水晶吊灯让游客大饱眼福。今日，这些花园式建筑在尼斯大部分地区仍然可见，并且有助于体现城市的特殊性，提升城市的吸引力。

尼斯的发展离不开向世界的开放。自18世纪以来，尼斯一直向周边地区乃至整个世界敞开怀抱，迎接各地人民定居。世界主义的盛行使得该城拥有了极其丰富的文化多元性、浓厚历史文化底蕴和经济活力，也使得尼斯成为"世界都会"。

来此定居的移民不乏杰出的科学家，比如发现氢气的亨利·卡文迪许爵士；被清澈的空气和柔和的光线所吸引的著名画家，如马克·夏加尔、亨利·马蒂斯、尼基·德·圣法勒和阿尔曼，他们的作品被陈列在该市的许多博物馆中，包括马克·夏加尔博物馆、马蒂斯博物馆和美术博物馆；还有受这座城市启发的国际作家，例如在此连续度过 6 个冬天的弗里德里希·尼采写下了《扎拉图斯特拉如是说》，安东·契科夫在此居住时完成了其戏剧《三姐妹》。

尼斯的建筑同样或多或少地受到了这些世界来客的润色。从豪斯曼男爵到罗斯柴尔德家族，从俄国实业家（保罗·冯·德维斯）或里尔实业家（爱德华·施沃布）到汽车制造商（埃米尔·杰林克·梅赛德斯），他们建造或者改造精妙的建筑。

世界居民的到来给这座城市带来了活力，在一定程度上改变了人口构成和传统观念。20 世纪 80 年代后，尼斯接收移民的范围扩大至全球。

尼斯是法国仅次于巴黎的主要国际会议城市。多年以来，通过举办各类大型国际会议，尼斯累积了丰富的国际活动承办和招待的经验。自 1999 年起，尼斯更加专注于世界级会议的承办，并获得了巨大成功。

1999 年，世贸组织在尼斯举行恩佐—帕西世界会议，讨论旅游业的经济影响。

1999 年，尼斯举办欧洲风能会议——"下一个千年的风能：欧洲风能会议记录"。

2000 年，欧盟会议在尼斯召开，并于 2001 年签署《尼斯条约》。

最近 5 年，尼斯举办多场国际会议，如 2016 年 9 月 14 日—16 日欧洲新闻媒体会议、2017 年 1 月 24 日—25 日国际天文学联合会专题讨论会、2020 年 10 月 12 日—14 日第 5 届国际生物灵感暨第 2 届国际光学 N.I.C.E.（尼斯）会议。

尼斯接待来自全世界的游客，拥有完备的基础设施，文化、体育、住宿设施数量众多。

尼斯是法国博物馆数量第二多的城市，仅次于巴黎。尼斯还是法国拥有最多游泳池的城市、拥有最多体育场馆的城市。尼斯是全法酒店房间数量最多、质量最好的住宿地之一，仅次于巴黎，占法国里维埃拉住宿的三分之一，其容量接近 200 家酒店和 10000 个房间。

尼斯交通便捷。尼斯机场坐落于"英国人步行街"旁，是法国第二大国际机场，仅次于巴黎机场。2019 年机场旅客量近 1450 万人次，包括来自 40 个国家和地区的 114 个出发地。尼斯机场与欧洲各国首都，以及纽约、迪拜、莫斯科、北京等世界各地交通枢纽直接相连（见表 6-1）。

表 6-1 尼斯国际机场每年接待的乘客人数

年份	乘客人数	变化幅度 / %
2018	13850561	4.1 ↑
2017	13304782	7.1 ↑
2016	12427511	3.4 ↑
2015	12016730	3.1 ↑
2014	11660208	0.9 ↑
2013	11554251	3.3 ↑
2012	11189896	7.4 ↑
2011	10422073	8.5 ↑
2010	9603014	2.3 ↓
2009	9830987	5.3 ↓

现代尼斯有轨电车建成于 2007 年，截至 2020 年 5 月，共有 3 条运营中的线路已大致形成"H"字形的路网，其中横穿尼斯市中心的有轨电车 2 号线在老城段采用地下敷设的方式，有效减小了地面交通的压力。之所以选择这条线路，是因为在距离该线路不到 500 米的半径范围内，服务的人口和工作岗位密集。这意味着这里有超过 12.65 万人（占尼斯人口的近 37%）和 4.2

万个工作岗位。

尼斯拥有法国顶级邮轮港口之一，尼斯滨海自由城每年接待超过 48 万名乘客和 300 多艘船只。

尼斯还拥有独具特色的节日。尼斯狂欢节是法国最大的狂欢节，也是除里约热内卢、新奥尔良和威尼斯狂欢节之外世界上最受欢迎的狂欢活动。长达 14 天的庆祝活动包括日间和夜间的游行，以及花车巡游。

尼斯狂欢节在每年 2 月举行，是法国蓝色海岸地区最流行的活动之一，每年都会吸引数十万观众。2019 年 2 月 16 日—3 月 2 日，马塞纳和阿尔伯特 1 号花园周围举行了不少于 11 场官方活动。

伊芙琳·佩兰与妮可·鲁西耶将尼斯称为"世界都会"，这既是对尼斯旅游国际化的至高评价，也是对这座美轮美奂的海滨小城不懈努力、创新探索的应得赞美。

第二节　欧洲葡萄酒旅游之都——波尔图

波尔图是葡萄牙的第二大城市，位于葡萄牙西北部的杜罗河口，西距大西洋约 5 千米。杜罗河流域及上杜罗河流域盛产品质甘醇、享誉世界的"波特酒"（属于酒精加强葡萄酒，酒精度 17%—22%），而波尔图则是杜罗河出产的波特酒的集散地。波尔图交通便利，是葡萄牙的铁路、公路枢纽和重要海港，已成为葡萄牙北部的经济中心，同时也是蒙德古河以北地区的工商业中心。

除了工商业以外，波尔图的旅游业也尤为发达。2012 年和 2014 年，波尔图被"欧洲消费者选择"机构评选为年度"欧洲最佳目的地"。2013 年，波尔图被《孤独星球》评为"欧洲最佳度假胜地"。2015 年，波尔图再次被选为欧洲主要旅游目的地之一，是英国《卫报》所列的 10 个旅游中心之一。2017 年，波尔图第三次被"欧洲消费者选择"机构评选为年度"欧洲最佳目的地"，成为三次获此殊荣的城市。

波尔图旅游业的成功很大程度上是因为利用好了"波特酒"这张金名片，因为早在 20 世纪 50 年代，参观杜罗河南岸的葡萄酒窖活动就已经蔚然成风，这是葡萄酒旅游[①] 在葡萄牙发展的开端。之后数十年，参观杜罗河南岸的葡萄酒窖并品尝美酒一直都是来到波尔图的每一位游客绝对不能错过的美妙体验。

经过半个世纪的发展，如今波尔图的葡萄酒旅游业已经成为整个城市的重要支柱产业，业态丰富，具体来看主要有以下 3 种形式。

一是传统的葡萄酒窖参观。参观葡萄酒窖是波尔图葡萄酒旅游最传统也是最重要的形式。在与波尔图隔河相望的加亚新城（葡萄牙语 Vila Nova da Gaia）[②]，游客可以参观许多历史悠久的葡萄酒窖。每个酒窖都有一名导游陪同游客参观酒窖设施，向游客解释葡萄的采摘地点及酿造波特酒的过程。在参观结束时，每个酒窖都会为游客提供两杯葡萄酒供品尝：一杯是红葡萄酒，另一杯是白葡萄酒。参观酒窖的票价一般是每人次 10—15 欧元，而供品尝的葡萄酒一般包含在票价之内，不再另外收费。结束参观后，游客们还能在酒窖门口选择一家餐馆，一边欣赏路易斯一世桥的壮美，一边继续品味

---

① 葡萄酒旅游是一种相对较新的旅游类型，起源于 1953 年。当时法国阿尔萨斯的旅游局借着汽车拉力赛的机会，创建了"阿尔萨斯葡萄酒之路"，并在拉力赛期间组织了多次酒庄参观与葡萄酒品鉴活动，取得了巨大的成功。在此之后，葡萄酒旅游在许多西方国家兴起并蓬勃发展。

② 葡萄牙西北部城市，位于杜罗河口南岸，由波尔图区负责管辖，与波尔图市中心隔河相望，并通过路易斯一世桥相连。

美食和美酒。

波尔图及加亚新城最负盛名的葡萄酒窖包括：桑德曼酒窖（Sandeman）建于 1970 年，不仅以优质的葡萄酒闻名，而且以其标志中的神秘人物 Don 闻名；拉莫斯·平托酒窖（Ramos Pinto），由阿德里亚诺·拉莫斯·平托于 1880 年创立，是波尔图最著名的酒窖之一；费雷拉酒窖（Ferreira），建在一座古老的修道院之上，是波尔图最特别的酒窖之一；卡莲酒窖（Cálem），成立于 1859 年，今天仍然是生产波特酒的主要酒窖之一。

二是波尔图和葡萄牙北部地区葡萄酒旅游路线。2021 年 5 月，在经过了长达一年的准备期后，波尔图和北部地区 4 个葡萄酒产区在波尔图共同发布了"波尔图和葡萄牙北部地区葡萄酒旅游路线"。签署这份合作协议的机构包括：杜罗 – 波尔图产区葡萄酒协会（IVDP）、绿酒产区、塔沃拉 – 瓦罗萨产区和特拉斯 – 奥斯 – 蒙特斯产区的葡萄栽培委员会，以及波尔图和葡萄牙北部旅游局。波尔图在与 4 个葡萄酒产区的葡萄酒旅游合作伙伴关系中起到了门户作用和带头作用，基于可持续发展、合作和保护环境的原则，以点带面，实施集体发展战略。[①]

"波尔图和葡萄牙北部地区葡萄酒旅游路线"的官方标志以红色和绿色（葡萄牙的国旗色）为主色调，巧妙融入了酒杯、葡萄、帆船、小鸟等元素（见图 6-1）。

[①] https://www.porto.pt/pt/noticia/porto-e-norte-unem-se-para-criar-rota-dos-vinhos-e-do-enoturismo, 2021-08-10.

图 6-1 "波尔图和葡萄牙北部地区葡萄酒旅游路线"官方标志

"波尔图和葡萄牙北部地区葡萄酒旅游路线"已被正式纳入地图，以便吸引更多的关注。这些旅游路线的目标群体是对葡萄酒文化感兴趣、有时间在葡萄牙北部地区停留数日且消费水平较高的各国游客。

这些旅游路线以葡萄酒和葡萄庄园为主题，在主要的参观地点、文化景点与一些提供创新和差异化体验的地方，会向游客们提供旅游地图，这些旅游路线上的餐饮店和酒店会向游客们隆重推出北部地区的葡萄酒。

这些路线串联起 4 个主要的旅游目的地：波尔图、杜罗、米尼奥和特拉斯－奥斯－蒙特斯。沿着这些旅游路线，游客们可以轻松地从杜罗河到特拉斯－奥斯－蒙特斯，再到米尼奥，然后回到波尔图，实现较大范围内的流动，享受更丰富的旅游体验，深度感悟葡萄酒文化。

"波尔图和葡萄牙北部地区葡萄酒旅游路线"要求相关从业人员获得必要资质，这一要求带动了葡萄酒旅游的专业培训和学术培训，创造了许多新的就业机会，推动波尔图和整个葡萄牙北部地区的经济复苏，促进可持续发展进程。

这些旅游路线是葡萄牙的葡萄酒走向全世界的路线，将向世界各地的游客展示最好的葡萄酒、最好的葡萄园体验、最好的风景。葡萄牙的目标是让波尔图和北部地区成为"欧洲葡萄酒旅游之都"。

三是波尔图葡萄酒旅游景区。世界葡萄酒旅游景区——波尔图葡萄酒区（WOW）位于杜罗河南岸的加亚新城，地势略高，坐拥波尔图和杜罗河美景，占地面积超过 55000 平方米，是由原有的酒窖改造而成的葡萄酒文化中心。WOW 这一项目由葡萄牙知名的波特酒商——弗拉佳特合伙企业（The Fladgate Partnership）开发，总投资额高达 1.17 亿欧元，从 2015 年开始建设，建设期为 5 年，已经于 2020 年夏天正式开业运营，是 2020 年欧洲推出的规模最大、受关注度最高的旅游项目之一。弗拉佳特合伙企业旗下拥有 Taylor、Croft、Fonseca 和 Krohn 等葡萄酒品牌，并拥有葡萄牙的一些奢华酒店，如波尔图的 Yeatman 酒店和 Infante Sagres 酒店，以及杜罗河谷的 Vintage House 酒店。

波尔图葡萄酒区围绕着露天中央广场而设计，共拥有 7 家文化体验博物馆及 12 家各具特色的餐厅、酒吧和咖啡馆，游客们参观之余可以享受到不同类型的美酒美食。WOW 还拥有精心设计的活动空间、临时展览空间、精品商店和葡萄酒学校等，为不同类型的游客提供世界级的旅游体验。其中 7 家不同主题的文化体验博物馆是整个景区最大的亮点，均具有教育性、互动展示性和传统工艺特色，使葡萄牙的独特个性和文化遗产生动地展现在游客面前。其具体包括以下 7 个文化体验博物馆[①]：

第一，"葡萄酒体验"博物馆。这家博物馆主要面向对葡萄酒不甚了解的游客或经验丰富的酿酒师，向他们展示有关葡萄酒的一切：地理、气候、葡萄品种、葡萄酒酿造工艺。参观"葡萄酒体验"博物馆是一次揭开葡萄酒神秘面纱的旅程。

---

① https://wow.pt/pt/，2021-08-10.

第二，"软木世界"博物馆。这家博物馆向游客们展示世界上最清洁的行业——软木业，从软木橡树的种植到软木的生产，从软木塞到宇宙飞船的内饰，内容丰富，互动环节设置合理。

第三，"跨越时代的波尔图地区"博物馆。这家博物馆向游客们展示波尔图地区的历史，将整个城市的风土人情和文化积淀融入葡萄酒中。

第四，"巧克力故事"博物馆。这家博物馆向游客们展示可可豆的起源及可可豆变成巧克力的过程等。该博物馆最大的亮点是互动环节的设置：游客们进入可可豆种植园，找到一家真正的巧克力工厂。巧妙的设计让游客在甜蜜而有趣的旅行中体验美好的巧克力世界。

第五，"Bridge 藏品"博物馆。这家博物馆以时间为脉络，展示从古至今各个历史时期丰富的酒杯藏品，深入探索关于饮酒仪式的方方面面，通过酒具的演变，将人类九千年的饮酒文化生动地呈现给游客们。

第六，"时尚与织物"博物馆。这家博物馆向游客们展示葡萄牙（尤其是波尔图地区）的纺织品和时尚文化与珠宝行业。参观从种植园开始，到葡萄牙主要的纺织工厂，随后灯光打开，可以看到 T 台上有造型师，还有服装、鞋类和花丝等各行各业的杰出人才。

第七，"粉色宫殿体验"博物馆。这家博物馆为游客们提供一种奢华且特别的体验，使其沉浸在充满活力的桃红葡萄酒（葡萄牙语 Rosé）① 的世界中。参观路线兼顾了娱乐性和教育性。每个展厅都是独一无二的。

除了以上 7 个文化体验博物馆之外，WOW 还拥有一所葡萄酒学校（The Wine School），面向公众定期或不定期举办关于葡萄牙的美酒及美食的工作坊，并为葡萄酒爱好者和品酒专家组织研讨会和品酒会。葡萄酒学校是学习关于葡萄牙葡萄酒所有知识的理想场所，也是在国际背景下了解世界各地葡

① 桃红葡萄酒又称桃红酒或粉红酒，是葡萄酒的一种，其颜色来自葡萄皮，但只够将颜色变成粉红色，还不到标准红酒的程度。

萄酒的理想场所。葡萄酒学校所有的课程和研讨会都会控制人数，以实现更有效的学习和个性化的服务。

WOW 的创始人及首席执行官阿德里安·布里奇（Adrian Bridge）总结道："WOW 的目标是通过丰富的文化体验，帮助我们把波尔图定义为一个文化旅游目的地，它不仅介绍了这个城市享誉全球的葡萄酒文化，还讲述了这个城市的人民和历史。对任何来波尔图或葡萄牙旅游的游客来说，WOW 应该成为他们行程中的必到之处。"

通过分析和对比以上 3 种旅游形式，我们可以得出以下 3 点启示。第一，传统的葡萄酒窖参观形式是波尔图葡萄酒旅游业的基石，为整个城市带来源源不断的直接收入——门票收入和葡萄酒销售额，以及餐饮、酒店、交通等方面的间接收入。第二，"波尔图和葡萄牙北部地区葡萄酒旅游路线"的设计、发布和运营是波尔图将其葡萄酒旅游的经验和优势辐射整个葡萄牙北部地区的重要尝试。这不单单是一种地理空间上的拓展，让时间较为充裕的游客享受更深度的体验，还是波尔图作为全国第二大城市和北部地区第一大城市的一种责任和担当，将很大程度上带动北部内陆地区的经济发展。第三，"世界葡萄酒旅游景区——波尔图葡萄酒区"的规划、建造和经营则是葡萄酒旅游行业对发展模式的一大创新举措，使得该景区所在地原有的一些空间资源和技术资源（旧酒窖等）得以重生，并且实现了跨界发展（如与城市历史文化、其他食品、服装等融合起来）。以葡萄酒为核心但又不局限于单一的主题，这意味着原本对葡萄酒兴趣不大的游客们也会因为其他的一些元素慕名而来。该景区凭借绝佳的地理位置和景色、较大的规模和丰富的参与体验，正吸引着全世界的游客们前来，让波尔图成为名副其实的"欧洲葡萄酒旅游之都"。

第三节　华沙旅游业的国际化

华沙为所有游客提供各种景点，最受欢迎的地方是旧城区、瓦金基公园、科学文化宫、哥白尼科学中心、华沙起义博物馆、皇家城堡和波林博物馆。华沙的一个区域——普拉嘉也越来越得人心，其真实的氛围、特别的俱乐部、别致的咖啡馆和艺术画廊，使经济门户网站"商业内"把普拉嘉列为"欧洲最酷地区"，而旅游门户网站"天巡网"公布它为世界上最有趣的地方之一。

2019 年对于华沙旅游业来说，成果丰硕。在过去的 5 年中，肖邦机场的旅客数量增加了 64%，而 2018 年则增加了 23%。在 2017 年的夏季，游客可以从欧洲的 99 个出发地飞往波兰，而亚洲有 8 个出发地，北美有 5 个，非洲有 4 个。游客人数的增加转化为新的就业机会和企业的收入增长。此外，调查显示，游客在华沙的消费越来越高：平均为 810 波兰兹罗提，比上一年增加 10%。2017 年，日本人（平均 3.7 万波兰兹罗提）和美国人（2.3 万波兰兹罗提）花费最多。华沙的酒店、旅馆和其他住宿设施共能提供 620 万人/ 晚，比 2016 年增长近 9%。

2017 年，华沙市游客的数量达到 970 万人次，随后的每一年，这数量明显地增加。这是华沙作为国际化城市的一个重要成就。会议产业是旅游业发展的重要因素，根据 CIMI（会议行业竞争力指数）指标，华沙是国际会议市场上最具竞争力的波兰城市。2017 年，华沙举行了近 17000 场会议（代表大会、会议、集市、奖励活动和其他活动），这意味着每天平均举办 47 次活动，共有 170 万参与者参加。在 ICCA（国际大会与会议协会）的排名中，华沙市举办的会议数量在欧洲排名第 16，在世界排名第 23，而纽约、迪拜和莫斯科等城市则分别位于第 49、68 和 78。

　　作为首都，华沙对外国组织、会议或商务活动客户来说是一个特别重要的地方。商业旅游增强华沙的经济，特别是政治、行政、文化、科学、教育、经济、金融、通信行业等。因此，旅游业有利于城市的经济发展，有助于在世界范围内促进华沙的科学、文化和经济的发展。促进城市发展有助于获得外国投资，而来自世界各地的学生和新移民能助力城市的现代化和国际化发展。城市在国际会议市场上的推广应由支持当地会议行业的组织来进行，华沙在全球会议市场上的成功依靠对商务旅游活动的财政促进和为会议筹办提供公共服务。对华沙旅游业的发展来说，最关键的条件是使用世界大都市的逻辑，这意味着需要选择某些相对应的部门和行业，能够使其助力华沙在全球会议市场上建立专业旅游的竞争优势。华沙建立了豪华商业旅游部门，这是商业旅游发展的重要部分。鼓励商务会议组织者也是重要的，活动的组织者将商务旅行与休闲旅游相结合，商务游客就能更好地安排自己的空闲时间。

　　在华沙旅游业发展的过程中，重要的是生态、社会、经济、文化和基础设施等方面。对游客和居民来说，干净、安全、生态、方便交通的环境十分重要。街道、自行车道、人行道、林荫大街、花园和公园的质量优异对用户的社交、不同文化的交流和商业服务质量有非常大的帮助。这意味着创建旅游娱乐活动和交通运输业时应该减少二氧化碳排放、减少废弃物产生、节约用水等。在华沙，鼓励游客和旅游业服务者采取一些生态环境保护措施十分重要，比如推行减少使用一次性餐具和包装、多使用公共交通、节约用水的措施。这些措施都是实现城市国际化的重要因素。旅游业的管理和发展必须要趋向减少或避免游客与当地居民之间的冲突和紧张局面，为此，要在城市里进行有效监管。研究旅游业对自然环境的影响、公共空间的利用与管理，以及居民对城市生活的满意度也是华沙为变成国际化城市而施行的重要措施。总而言之，华沙希望建设既安全文明又生态环境友好的城市，并且想让其居民在该市无论在种族、文化、性别还是宗教等方面都感觉到满意和幸福。

"华沙旅游政策"的关键议题之一就是使城市客流碎片化。国际化发展过程中的一个重要措施就是提高游客在该城市非市中心地区进行旅游活动的比例。这个措施是为了避免所有的游客只聚集在市中心游玩。探索不一样的地区对游客来说是很有吸引力的，因此在非市中心地区建设旅游景点也是十分重要的。然而，游客的愉快游玩与当地居民的平静生活之间的平衡关系也是需要考虑的。在华沙旅游业发展过程中，随着所有区域的旅游景点和活动互相紧密关联，越来越多的游客会来到这个城市旅游，因此，当地政府需要把外国游客及残疾人的需要纳入考虑当中，因而各地方公共空间的指示与标记需要特别仔细得当。

一般来说，游客需要在较短时间内获取有效的新信息，比如在地图上找酒店的地址，搜索推荐指数最高的饭馆之类，因此他们比当地居民更依赖现代信息技术。华沙的会议市场和旅游基础设施空间对城市旅游业的不断发展十分重要。由于华沙在旅游业中使用了信息技术、交通运输行业科技、社会创新和生态能源等，居民和游客的生活越来越方便。

华沙被认为是智慧城市，是指其利用了各种信息技术或创新概念。智慧城市指的是给游客提供最新的信息，让游客知道该如何游玩这个城市，更好地体验文化创意、美食娱乐、酒店住宿、当地展览和集市等，使得游客与城市更好地融合，从而做出更明智的决定。华沙为游客提供了最舒适的城市空间，而且也鼓励他们使用一些帮助他们搜索城市信息的软件和设备。为了方便游客，城市空间跟网上的软件融合在一起，这样能使游客用软件在找想要的目的地的同时，节省时间与金钱。由于使用了数字化和虚拟现实技术，因此可以消除语言障碍，也使不同文化的人互相之间能够更加了解。

欧盟对波兰的经济、文化、基础设施、教育等方面具有重大的影响。自从 2004 年 5 月 1 日加入欧盟后，波兰发生了巨大的变化。当时波兰的总统亚历山大·克瓦希涅夫斯基说："加入欧盟将为波兰带来发展、繁荣和安全。"波兰加入欧盟 17 年以来取得了巨大的成功，其人均 GDP 约占欧盟平均水平的 70%；2004 年失业率为 20%，加入欧盟后降低到 6%；高速公路长度从 551 千米增加到了 1600 千米。根据财政部的数据，自 2004 年以来，波兰收到了 1630 亿欧元，同时，波兰已向欧盟财政预算支付了 530 亿美元。

由于欧盟的资金支持，华沙的地铁、街道、医院，历史悠久的宫殿、教堂和大学都发生了显著的变化。仅在 2014—2020 年，欧盟为华沙提供的资金已超过 23 亿波兰兹罗提。在 970 多个项目中，交通运输和电子服务的研发获得了最多的支持。重要的是，一些项目是在市区以外实施的，因此，近郊地区的居民将从项目中受益。华沙投了 7.62 亿波兰兹罗提的资金用来为科研机构提供研究设备。在欧盟的支持下，该市能够进行癌症治疗、室内空气净化解决方案和人造血的研究等。由于欧盟的投资，行政管理中的电子服务项目、华沙办事处、剧院、医院、大学和文化机构获得了很多帮助。总而言之，欧盟的资金对华沙每个方面的发展几乎都十分有益。它也是该市国际化发展的一个重要因素。

第四节 杜塞尔多夫的日本文化节

日本文化节最初起源于"日本周"，1983 年杜塞尔多夫举办了首个"日本周"，此后这一传统一直被保持了下来。1999—2000 年，杜塞尔多夫市政府还宣布设立"日本文化年"，在整个一年中以日本为主题举办了大大小小约 100 场活动。这些活动由日本社区和总领事馆，以及北威州政府和杜塞尔多夫市政府共同策划和资助。

自 2002 年以来，杜塞尔多夫于每年的 5 月和 6 月举行日本文化节。目前这已成为杜塞尔多夫最受欢迎的活动之一。作为德日文化碰撞的例子，居住在杜塞尔多夫的日本人将游客置于浓厚的日本文化氛围之中。和服、书法、武士道表演和日本流行音乐团体是每一届日本文化节都受到热捧的项目。日本文化节的压轴好戏是节日最后一晚的大型焰火表演，来自日本的特殊焰火及专业的焰火表演团队为所有游客带来了一场视觉盛宴。

在数十年的合作发展中，日本市民和日本文化已经成为杜塞尔多夫市不可分割的一部分。"莱茵河上的日本首都"一词，杜塞尔多夫实至名归。

2019 年，第 18 届北威州杜塞尔多夫日本文化节举行，杜塞尔多夫市最中心的区域，也就是莱茵河沿河长廊地带，成为庆祝德日友谊的现场。来自全世界的 60 万游客体验了日本文化，并与现场的日本人一起互动庆祝。现场的表演和活动项目从书法到日本戏剧应有尽有。本次活动共动用了 70 个移动帐篷，以便现场分发介绍日本文化的小册子，它专门介绍日本的传统和现代社会的方方面面。来自日本的著名乐队 Taiko 和来自英国的爵士乐队 Kurofune 进行了现场表演，在主舞台附近吸引了众多观众。最后，活动以燃放烟花结束，象征着日本文化的烟花开启了"前往日本的旅程"，显示了德日友谊，并通过此种形式对所有到场的观众发出了去日本旅游的诚挚邀请。

杜塞尔多夫是日本人在德国聚集数量排名第一的城市。杜塞尔多夫市政府的各种举措为过去 60 年来日本商人来到这里创业和安居乐业铺平了道路。他们的家人跟随商人来到这里生活，并逐渐发展出一种典型的日本化的基础设施，如零售、银行、医生、书商、货运代理、保险公司、日本商会和日本领事馆等，还建立了包括日语幼儿园在内的多种多样的日语学校。自 2014 年以来，杜塞尔多夫已通过日本航空公司 ANA 的直飞航班与东京建立了完善的航线。所有这些使得杜塞尔多夫成为莱茵河上的"日本首都"。

自 1952 年日本个别商业公司的子公司来到杜塞尔多夫后，三菱商行于 1954 年来到当地进行了商业登记，1957 年，大仓商社（Okura&Co.）也入驻了杜塞尔多夫。日本公司起初发展较为缓慢，但随着日本在国际贸易中取得成功的步伐逐步加大，商业公司迅速发展。

1964 年，"日本俱乐部"在杜塞尔多夫成立，该俱乐部拥有约 4000 名会员，是该市最大的俱乐部之一。一年后，日本领事馆开幕，不久便升格为使领馆。1966 年，日本商会在杜塞尔多夫成立，最初有 60 个公司成员，如今已有 500 多个成员。

杜塞尔多夫的日本人社区目前是仅次于伦敦和巴黎的欧洲第三大社区。仅在杜塞尔多夫，就居住着约 8400 名日本人，整个北威州约有 14800 名日本人。在北威州，有 620 多家日本公司在运营，其中约 400 家在州首府杜塞尔多夫；截至 2019 年 4 月，日本公司在北威州的所有雇员约 52600 名。在德国，有四分之一的日本人居住在杜塞尔多夫，很大一部分原因是生产密集型公司多数在杜塞尔多夫"定居"。

第一所日本国际学校于 1971 年在杜塞尔多夫成立。在德国的日本家长成立了"日本国际学校协会"，出资兴建了这所学校。市政府则专门为此规划批准了土地。该学校的教学内容和结构完全基于日本的学校系统，分为 6 个年级的小学教育和 3 个年级的中学教育。目前约有 550 名学生在那里接受教育，其师资力量主要由日本老师组成。第一所日本国际幼儿园成立于 1983 年，现在全市已经有 4 所日本国际幼儿园。

EKO 日本文化之家是一座日式庭院，它让日本人能够在杜塞尔多夫感受到浓厚的日本文化氛围。其包括一个日式大花园、一座佛教寺庙及一个学习活动中心（见图 6-2）。

图 6-2　EKO 日本文化之家

在杜塞尔多夫生活的人能够感觉到，日本人就是他们友好的邻居。理解、同情和乐于助人的氛围弥漫在德国居民和日本居民之间。1964 年，德日友好协会成立，借助这个桥梁，日本社区和德国社区之间一直保持着对话和沟通。日本孩子从一开始就是该城市的一部分，他们不仅极好地传承了日本传统文化，还能够迅速地融入莱茵地区的传统德国文化之中，如他们会带来融合了日本元素和德国元素的音乐、绘画和雕塑。这也使得德国文化变得更加多元而丰富。

杜塞尔多夫也是德国最大的动漫迷聚会地之一。DoKomi 动漫节是全德国规模最大的动漫节，在德国颇受欢迎，每年都会在杜塞尔多夫会展中心举行。动漫节上会有来自世界各地的动漫展商，同时还有丰富的舞台节目和现场表演。动漫节的主题主要侧重于宣传和展示日本流行文化，如动漫、漫画、游戏、角色扮演、音乐、时尚和最新的流行趋势。DoKomi 动漫节依靠创新理念，每年能吸引约 40000 名参观者。

作为对杜塞尔多夫市政府盛情款待的感谢，日本社区于 1975 年出资为杜塞尔多夫市民建造了日本公园。该日本公园位于杜塞尔多夫市北部，占地5000 平方米，当时花费了 180 万马克，自那以后一直是杜塞尔多夫市民最喜欢前往的地方之一。在 1988 年，杜塞尔多夫市诞辰 700 周年之际，日本社区成立了"杜塞尔多夫日本学研究基金",该基金每年都会支持该地区的一些专家和学者前往日本游学。日本与德国双方始终努力追求相互理解,这一点体现在该市举行的众多跨国活动和大量的国际会议上。

第 七 章
文学艺术教育领域

第一节　柏林国际电影节

　　电影节是一项能够推动电影艺术发展，为发展电影贸易提供平台的重要艺术活动。而国际电影节则更具有专业性和国际性。艺术活动是综合性的文化活动，其国际化能够很好地体现一个城市的国际化。创立于 1951 年的柏林国际电影节，是当今世界最具影响力、最顶尖的国际电影节之一。

　　"二战"结束后，在战争的摧残下，德国大多数城市废墟一片。柏林的建筑物倒塌了一大半，德国人的娱乐活动更是匮乏，再加上当时民主德国与联邦德国的关系，为了向民主德国鼓吹西方文明制度，柏林电影节诞生了。它成立起初，政治性极强，可以说是冷战的产物，但在这以后的 10 年内，电影节在柏林人民的文化生活中扮演了重要的角色。

不久后，柏林国际电影节便与戛纳国际电影节和威尼斯国际电影节正式对等了。1956 年，柏林国际电影节被接纳为国际 A 类电影节，同年，其首次召集了国际评审团来授予"金熊奖"和"银熊奖"。法国导演马塞尔·卡内（Marcel Carné）于 1956 年担任首届国际故事片评审团主席。在短短的几年内，柏林国际电影节确立了自己在国际电影节上的地位。2018 年 5 月，柏林国际电影节入选国际电影制片人协会电影节委员会首批成员。

每年的电影节都能吸引大量的观众和电影制作人。柏林国际电影节有来自 76 个国家或地区的 15000 名专业观众，早在 1959 年，就有 53 个国家的电影参加了该电影节。李安、张艺谋、莱那·维尔纳·法斯宾德、英格玛·伯格曼、让·吕克·戈达尔、萨蒂亚吉特·雷伊、罗曼·波兰斯基、米开朗基罗·安东尼奥尼、约翰·卡萨维茨、弗朗索瓦·特吕弗、卡洛斯·绍拉、克罗德·夏布罗尔都曾在柏林电影节上获得过巨大的国际性成功。2020 年的第 70 届电影节展映了全球 342 部影片，其中 18 部角逐"金熊奖"。众多国际知名影人亮相红毯，尽显柏林国际电影节的国际化风采。竞赛单元是其亮点，全世界范围的电影参与其中，竞赛单元结束后，再由国际性的评委来颁发奖项。

从艺术和电影经济的角度来看，它是规模最大、最负盛名的媒体和行业盛会之一，使许多电影人获得了成功。从城市发展的角度来看，它提高了柏林这座城市的国际认知度，同时为其带来了不小的经济效益。来自世界各地的观众为求一票纷纷来到柏林，附近的商场、高档餐厅及小吃店总是门庭若市，所以电影节可以说是推动柏林零售、酒店、运输、餐饮、购物等行业经济发展的一大动力。

此外，柏林电影节还与德国联邦文化基金会联合发起了一项倡议——建立世界电影基金会。该基金会致力于在电影基础设施薄弱的地区发展和支持电影，重点支持拉丁美洲、非洲、中东、中亚、东南亚、高加索、孟加拉国、尼泊尔、蒙古、斯里兰卡等地区和国家，同时促进德国电影院的文化多样性。

柏林国际电影节的开放度很大。据主办方介绍，关于性别歧视和"#MeToo"的讨论在电影节上十分常见。有人说柏林国际电影节的政治性太强，但政治性并不能成为它的缺点，它成立的初衷在冷战时期实际上是不可行的，再加上之后柏林墙的拆除，其政治性大大削减，另外，与它齐名的其他两个电影节也带有政治性，或许这一点对于电影节而言是不可避免的。也或许其政治性，参与柏林国际电影节的商业片很少，大多为文艺片，尽管如此，它还是拥有世界上观众数最多的电影节。2017 年的一份调查统计显示："在柏林国际电影节上，有超过九成受访者都表示，除了特殊的活动氛围和非同凡响的影片之外，他们最看重的便是在电影节上能够看到'平时难得一见的东西'。"可见其魅力之大。

尊重电影，尊重艺术，是柏林国际电影节一直遵循的，它是柏林一张"城市名片"，也为柏林国际化打开了一扇艺术之门。

第二节 捷克的文艺国际化

布拉格之春国际音乐节是捷克布拉格的世界知名音乐节，1946 年由捷克指挥家拉法埃尔·库贝利克创办。该音乐节于每年 5 月 12 日开幕，以纪念捷克作曲家贝德里赫·斯美塔那的忌日。音乐节的传统开场曲目是斯美塔那的交响诗作品《我的祖国》，其中包括著名的《伏尔塔瓦河》，而闭幕音乐会一般上演的是贝多芬《第九交响曲》。

第一届音乐节是在捷克斯洛伐克时任总统贝内斯的赞助下举行的。1946 年，捷克爱乐乐团庆祝成立 50 周年，因此获得了最高荣誉：参加所有乐团音乐会。该项目由当时乐团的首席指挥库贝利克发起。世界音乐界著名指挥家在布拉格之春舞台上赢得了热烈的掌声。音乐节包括重要作曲家纪念活动，并介绍捷克及当代作家的作品首演，邀请最高质量的艺术家和乐团在这里演出。布拉格之春国际音乐节的传统场地是古老的鲁道夫音乐厅和华丽的新文艺复兴式的市民会馆。

自 1946 年以来，每年都会在布拉格举办"布拉格之春国际音乐比赛"；自 1957 年以来，该比赛一直是日内瓦世界音乐比赛联合会的创始成员之一。

布拉格"图书世界"展览会是每年 5 月初在布拉格展览场举行的国际书籍、文学、出版商和印刷商展览会。这是捷克最大的图书活动，有来自全球 30 多个国家和地区的参展商和嘉宾参与，伴有 400 项计划。为期 4 天的活动大约有 45000 人参加。此活动创办于 1994 年，同时举办国际书展与文学节。

"图书世界"展览会的组织者是捷克书商和出版者协会，同时举办的国际书展与文学节吸引了中国出版商参加国际书展，还包含了买卖权和组织文化交流的内容。其醒目的宣传标语是"没有书的房子等于没有灵魂的身体"，使人印象深刻。

早在 1946 年，玛丽亚温泉城和卡罗维发利温泉城合办了捷克斯洛伐克第一届国际电影节——卡罗维发利国际电影节。卡罗维发利国际电影节于 1948 年第一次举行竞赛；1956 年，国际电影联合会将卡罗维发利国际电影节选为国际 A 级电影节，和戛纳、威尼斯、柏林和东京国际电影节的级别一致。该电影节是世界上最古老的电影节之一，此外还有意大利威尼斯国际电影节和法国戛纳国际电影节。

目前它是整个中东欧最具有影响力的电影盛事。参赛影片的质量日益提高，风格也日趋多元化，奠定了其世界优秀电影节的地位。电影节每年颁发"水晶地球仪"大奖。华语电影共获得 21 个奖项，获奖电影有《白毛女》《芙蓉镇》《地下的天空》等。

第三节　莫斯科和圣彼得堡的教育国际化

莫斯科是全国科技文化中心，教育设施众多，包括 84 所高等学校。大学以莫斯科国立罗蒙诺索夫大学（学生 2.6 万余名）为最著名。莫斯科有科研机构 1000 多所，科学工作者人数超过 20 万。其中就有"俄罗斯科学中心"之称的俄罗斯科学院，此外有其他 90 多个科学机构，包括 78 个科研院校以及艺术、医学、教育和农业研究院。另外还有数目众多的研究所、各种专科院校、博物馆、剧院、图书馆及这些设施的分支机构。莫斯科基本保留了从前的基础教育模式，大多数的义务教育学校和职业技术教育中的专业教育、高等教育纳入国家预算结构之中，都是免费的。最近几年，有偿教育在莫斯科也已广泛实行，城市的教育体系满足了居民各种不同教育需求。莫斯科大学建于 1755 年，规模十分宏大，主楼高 240 米，共 33 层，有 3 万多间房间。2007 年，莫斯科开工新建 20 所学校和 100 所幼儿园。

圣彼得堡市的高等教育已有近 300 年的发展历史，具有良好的传统和极高的国际声誉，它被称作俄罗斯"教育之都"。圣彼得堡作为俄罗斯的教育中心，拥有各类高等学府 80 多所和一些欧美办的大学，其中有世界著名的圣彼得堡国立大学、圣彼得堡国立技术大学（原加里宁工程学院，20 世纪50 年代大量中国学生在此留学）、俄罗斯国立师范大学、圣彼得堡国立精密机械和光学学院、圣彼得堡电工大学和门捷列夫工作过的圣彼得堡国立工艺学院等一大批历史悠久的大学，另外还有 18 所军事院校。

圣彼得堡有众多学校，艺术类院校在世界上名列前茅。列宾美术学院是世界四大美术学院之一，圣彼得堡国立音乐学院与奥地利维也纳音乐学院齐名。在圣彼得堡仅国立的艺术院校就有 8 所，这些艺术院校和美丽的城市使圣彼得堡成为世界当之无愧的艺术之都。圣彼得堡还是俄罗斯重要的医学研究教育基地，有欧洲十大著名医科大学之一的巴甫洛夫医科大学，以及世界唯一的儿科医学院、米奇尼科夫医学院、圣彼得堡大学医学系、药剂学院等一批俄罗斯优秀的医科大学。当地还有几十所医学研究院和科学院。

20 世纪 90 年代苏联解体后，苏联加盟共和国及苏联的高等教育机构不仅需要想方设法保持原有联系，还需要融入全球教育领域。作为俄罗斯联邦高等教育国际化领域国家政策的一部分，俄罗斯大学要在世界最佳大学的国际排名中占据高位，确保国内教育达到国际质量标准，并将其提升到高质量水平。

在全球化进程中，俄罗斯与独联体国家、欧美国家出现了新的教育形式。为此，俄罗斯政府出台了一系列支持高等教育国际化发展的政策法规。

鉴于俄罗斯高等教育国际化进程在国家层面的发展具有特别重要的意义，近年来，俄罗斯启动了许多大型项目，如"全球教育"国家计划、"开发俄罗斯教育系统的出口潜力"优先项目等。

俄罗斯在高等教育领域开展了多项符合俄罗斯大学实际情况的改革，为加快俄罗斯高等教育国际化进程发挥了作用。在高等教育国际化进程中，莫斯科和圣彼得堡的高等学府针对世界不同地区的情况积极研究并做出了许多有益尝试，以提高在国际劳动力市场上的竞争力，适应俄罗斯对各类人才的需求。按照国际通行的做法，传统统一高等教育体系的结构转变为目前的"高等教育体系的多层次结构"，能够与欧洲和欧洲大学建立联系。面向世界，利用俄罗斯的先天优势，在独联体国家开设大学分校，在东亚地区与中国、韩国、日本等开展高等教育领域合作。

莫斯科和圣彼得堡高等教育国际化的具体措施还包括招收外国留学生、向外国派遣师生、扩大跨境高等教育机构、开展国际研究合作、推广俄罗斯语言和文化。其国际合作的优先事项可分为 3 个层次：为独联体创建一个共同的教育空间、融入欧洲的博洛尼亚进程及加强全球教育交流。

第四节　柏林的教育国际化

德国是世界上最受留学生欢迎的国家之一，受欢迎程度仅次于美国和英国。为何多数人会选择德国呢？众所周知，德国是现代大学制度的发源地，除去低廉的学费，它还拥有举世闻名的超高学术水平、含金量高的文凭和国际承认的教育体系。这些让去德国留学成为一个明智的选择，也体现出德国教育国际化的迅速发展。而柏林作为德国的首都和最大的城市，拥有几所世界著名的大学，如柏林洪堡大学、柏林自由大学、柏林工业大学等，其在教育国际化发展上的努力和成就也是十分显著的。

柏林的特点是拥有众多大学和高等教育机构，这就是柏林能在科学领域发挥重要作用的原因。柏林的大学拥有国际视野，并与全球合作，深受世界各地学生的欢迎。

柏林的大学在国际化方面是处于领先地位的，报告《科学向世界开放2019》和德国学术交流处（DAAD）的资助排名证明了这一点。在2018年报告期内，柏林以17%的良好比例成为德国国际学生比例最高的城市。根据柏林勃兰登堡统计局的数据，2018—2019冬季学期约有32000名国际学生就读于柏林的大学。其中大多数来自欧盟成员国（11648名），其次是中国（2708名）、印度（1872名）、美国（1616名）和俄罗斯（1294名）等。

柏林市长兼科学研究参议员迈克尔·米勒解释说："柏林是一个世界汇聚的地方。我们的大学主张自由和开放，它是无国界的，并且致力于与各大洲的合作机构进行交流与合作。这也得益于强大的国际网络，柏林是当今最成功的创新城市之一，我们整个城市都将从中受益。"可见网络信息技术的发展，也带动了教育业的发展，柏林抓住了这一时机，使其教育成功走上国际化的道路。

柏林的大学也位居 DAAD 资助榜首。2018 年，它们共获得了 3800 万欧元的交流赠款和国际合作资金。在 DAAD 的资助排名中，柏林自由大学仍然是各大学类别中的领先者（950 万欧元），其次是柏林工业大学（840 万欧元）、柏林洪堡大学（790 万欧元）。

最新的 DAAD 报告显示，柏林及其大学也受到 Erasmus 交换生项目的欢迎。接受 Erasmus 资助的德国交换学生中有 12%（约 2500 人）选择柏林作为他们的学习地点。弗赖大学和洪堡大学是全国范围内最受欢迎的Erasmus 交换生的大学。柏林经济与法律应用技术大学在高等专业学校中排名第一，柏林艺术大学在艺术学院中排名第一。

上述的 Erasmus 项目包括教育、培训等内容，其中有很多项目是对全世界开放的。有许多项目是柏林高校参与联办的，例如：大数据管理与分析硕士，由柏林工业大学参与联办；化妆品与护肤品学硕士，由柏林洪堡大学参与联办；全球转型的经济政策硕士，由柏林经济与法律应用技术大学参与联办。除此之外，柏林也积极参与了博洛尼亚进程等欧盟的教育项目。

另外，柏林各高校增加了英语授课或者英德双授的课程，通过考试控制学生的数量与质量，英语授课专业和英德双授专业增多，是国际化最鲜明的表现之一，因为实现国际化最重要的目的就是提高国家整体经济实力，强化国际沟通交流能力。例如勃兰登堡州的教育国际化就做得很好：2017 年几乎所有职业学生（95.1%）都接受了外语教学。

再以著名的柏林自由大学为例，该校的课程设置十分丰富，教学领域十分广泛，有 13 个学科位列世界百强，其人文社科研究尤其实力雄厚，其中政治学与国际研究（世界第 18 位）和英语语言文学（进入世界百强）在体现该校国际化水平方面非常值得一提。女性研究也一直是该校的传统强项。大学也同样关注国际博士研究生的培养，在自然科学（如化学、生物学、物理学、药剂学等）学科中专门设置了英语授课形式。该校的开放性很强，定期向公众开放图书馆和实验室等，经常会举办一些丰富多彩的讲座活动，在这里，人们常常可以看到许多国内外著名人士参加各项活动。同样，柏林自由大学的国际化程度也是显而易见的，其科学研究的进程一直受到国际化的影响。柏林自由大学积极维护着自己与德国、欧洲乃至全世界的组织机构和重要人士的沟通和交流。目前，柏林自由大学与世界范围内的 160 多个科研机构保持着合作关系，其中也包括中国高校和科研机构。对于国际学者，柏林自由大学是一所历史悠久的德国研究机构；与慕尼黑大学一样，柏林自由大学是最受洪堡奖的学者们欢迎的大学。

除了高校教育国际化之外，该国在幼儿教育中也有所作为，不少幼儿园都增加了有移民背景的儿童的参与，在教员的选择上更是克服性别陈规定式观念，减少性别不平等。这在一定程度上解决了失业问题，也在一定程度上带动了德国经济发展。联邦教育部部长安雅·卡尔利切克表示，德国吸引着越来越多的海外学生和研究人员，"我们的大学和科研单位在国际上越来越有吸引力。我们为此感到骄傲，这也促使我们更加努力。这样的结果不仅证明了德国科学和高校系统的高质量，去年42000名国际毕业生也为满足我们劳动力市场的需求，提供了巨大潜力"。

综合上述情况，我们认为柏林教育能够国际化发展的重点在于以下几个方面：

（1）推进国际课程开发，注重高等教育质量建设。

（2）拥有完善的奖学金和教育资助制度。

（3）大学国际活动的网络化和开放化，使校内外和国内外得到相互的沟通与交流。

（4）扩大与国际大学和国际项目的研究和合作。

（5）推动教育平等化。

（6）教学人员的国际化，包括具有移民背景的同胞的参与。

第五节　德累斯顿国家艺术博物馆的"艺术外交"

德累斯顿国家艺术博物馆是世界上重要的 15 个博物馆之一，具有国际知名地位。近年来，德国德累斯顿国家艺术博物馆坚持"文化对外开放"政策，在积极推动德国本土文化发展的同时，也抱着引进和学习他国文化艺术的开放心态，在博物馆外交方面的工作做得十分突出，让人们在 21 世纪的今天，重新关注和定义这个"二战"后在一片废墟中再度崛起的德累斯顿国家艺术博物馆。而该博物馆总馆长马丁沃特教授具有丰富的博物馆经营和管理理念，思想极其开放和超前，凭着超强的政治与外交敏锐度，一直对推广本土和跨国文化充满着无限热情和动力，他在德国博物馆外交上所做的贡献是不容忽视的。

马丁沃特总馆长从事博物馆行业 20 余年，在 1995—2003 年间曾担任德国博物馆协会的主席；在 1996 年被任命为 2000 年德国汉诺威世博会展览项目总监；1996—2003 年间，曾担任萨克森联邦州文化基金会主席，身兼多职。2001 年以来，他一直担任德累斯顿国家艺术博物馆的总馆长，在他的领导下，不论是博物馆的修建改造，还是软硬件方面的建设，抑或是对外交流方面，无不取得了显著的成绩，并得到了社会公众和同行们的认可。

以德累斯顿国家艺术博物馆对外所做的文化推广工作为例：2006 年，在法国的凡尔赛博物馆举办的"壮丽华美的萨克森宫廷艺术——德累斯顿在凡尔赛"展，成为 2006 年最受瞩目和最重要的法德文化交流项目，并得到两国政府的高度支持，法国总统希拉克和德国总理安格拉·默克尔出席了开幕式。在庆祝莫斯科克里姆林宫博物馆 200 周年之际，德累斯顿"奥古斯托大帝的精美收藏展"在一系列的庆祝活动中脱颖而出，独具特色，得到众多观众的青睐。在与美国的博物馆交流上，德累斯顿国家艺术博物馆与洛杉矶的盖蒂博物馆保持着长期友好的馆际关系，从展览项目的交流到馆际人员互换学习等，两个博物馆都从中获益匪浅。德累斯顿国家艺术博物馆在盖蒂博物馆举办的"从卡斯帕·大卫·弗里德里西到格哈德·里希特"展览，全面地将德国风景绘画精品呈现给美国的观众，一时间在美国引起了轰动，并得到了众多媒体的关注。仅通过这几年来德累斯顿国家艺术博物馆活跃而频繁的博物馆外交与做出的努力，不难看出其对积极推广文化的重视，诚然这也为国家间进一步加强政治外交关系提供了最有力的平台。

在德国博物馆推行"文化对外开放"政策的同时，2007 年德国三大国家博物馆——柏林国家博物馆、德累斯顿国家艺术博物馆和慕尼黑巴伐利亚国家绘画收藏馆首度联手合作，在比利时的马赛美术馆举办了"纵观欧洲——19 世纪的欧洲与德国绘画"展览。这一次德国三大馆的深度合作，展示了德国 19 世纪艺术的整体风貌，同时是德国作为欧盟主席国任期内一项极为重要的文化活动。它不但体现了兄弟馆之间的友好合作，同时也是一种体现和展示国家文化的战略合作。德国总理安格拉·默克尔、比利时首相费尔霍夫施塔特与欧盟前主席曼努埃尔·杜朗·巴罗佐一同出席了在布鲁塞尔的开幕活动。这项活动为两国间的外交往来提供了契机和完美的平台，同时提供给两国人民相互学习和相互了解的机会。携手弘扬和积极推广本土文化的这一举措，应该说是德国博物馆内部合作中具有里程碑意义的重要之举。

今天在全球化浪潮的影响下，信息技术高速发展，国际间的艺术品和文献资源共享已成为指日可待的现实，中东地区就围绕这一经济文化协调发展进而构建和谐社会的发展远景而迈进着。为了进行跨文化的交流与合作，充分利用这个资源共享的平台，许多国际大馆纷纷着手在中东建立自己的分馆，一时间这变成了炙手可热的事。美国的古根海姆博物馆、法国的卢浮宫博物馆等计划在阿布达比建立规模宏大的博物馆群，并试图通过这个国际化的大平台展示本土的文化艺术魅力。根据之前成功合作的经验，德国的三大国家博物馆再度联袂合作，与中东的迪拜签署了文化合作协议，和当地政府合作在迪拜建立德国的博物馆分馆，力求长期展示德国本土和跨文化的艺术精品。这些重要博物馆已经在国际文化交流方面，早早地迈出了一大步，显示出一个国家的软实力与经济硬实力，更显示出决策者的胸怀与眼光，值得我们深思与研究。

在与德累斯顿国家艺术博物馆总馆长马丁沃特教授的交谈中，当记者问到他对中国的第一印象是什么，为什么选择把文化交流的重心放在中国，并且在德累斯顿举办这么大型的关于中德的文化年活动时，他微笑着说：百闻不如一见啊！对于中国现今发展的现状，不亲眼所见，只凭一些文字的诠释或阐述是难以想象的，即使是媒体的报道往往也有偏颇，不能确保事实的客观性和全面性。接着他又说：德国人民对中国历史文化和当代社会发展有着浓厚兴趣，他们渴望通过这些文化交流项目来了解中国。德累斯顿及萨克森州早在 18 世纪就与中国有着特殊的渊源，在当时被称作欧洲中国艺术热的中心。皮尔内茨宫亚洲式的园林设计和德累斯顿国家艺术博物馆的瓷器收藏就是那个时代"中国风"的象征。近些年，德国的文化和艺术十分不安定，而中国也在应对社会转型过程中的挑战，结果就是国家的文化形象因此发生着积极的变化。根据《艺术报》的报道，在短短的几年时间里，中国已成为当今世界当代艺术品出口市场的领军角色。艺术家工作室大量建立，城市规模快速增长，艺术市场极度膨胀，国际画廊进驻等。作为德国传统博物馆，应该思考如何面对和回应中国的这一发展和变化，如何根据文化的潜力全力支持和推广文化。国际博物馆间的交流无疑为国与国的政治外交搭建了最适宜的平台，世界各大博物馆争相与中国的博物馆建立馆际的交流与合作。法国卢浮宫博物馆和蓬皮杜艺术中心、美国古根海姆博物馆、西班牙普拉多博物馆，以及英国的一些博物馆，早已意识到并与中国建立了馆际的长期合作关系，也成功举办了多项艺术交流项目。

中德间的文化交流已经颇具基础，早在 1996 年，德国的收藏家彼得·路德维希与伊莲娜·路德维希夫妇就向中国美术馆捐赠了 117 件他们私人收藏的国际艺术品，成为中国美术馆第一批关于西方艺术的经典收藏。这一义举得到了中国政府及文化部的高度赞扬和肯定。不久，这对夫妇被中国文化部授予"中德文化交流突出贡献奖"。2001 年，德国柏林著名的汉堡火车站博物馆举办了主题为"Living in Time"的中国当代艺术展，由当时担任中央美术学院副院长的范迪安教授作为艺术家和双方都认可的策展人策划了此展，展览在德国乃至欧洲都取得了不小的反响。直至今日，当人们提到中国在欧洲所举办的让人记忆犹新的中国当代艺术展时，都会想到"Living in Time"。

值中德建交 35 年，德国时任总统霍斯特·克勒应中国时任国家主席胡锦涛之邀访华之际，即 2007 年 5 月 24 日，两国元首在人民大会堂就加强两国各领域交流合作、提高中德全球伙伴关系等问题举行了会谈。会后，胡锦涛主席和克勒总统一起出席了两国文化、医疗等领域合作文件的签字仪式。中国美术馆与德国上述三大馆在此次签字仪式中，正式签署了具有历史意义的重要文化交流合作协议，即《中国美术馆与柏林国家博物馆、德累斯顿国家艺术博物馆及巴伐利亚国家绘画收藏馆的合作协议》。这意味着中德两国在文化外交与合作方面又迈上了一个新的台阶。

中国与德国三大国家博物馆——柏林国家博物馆、德累斯顿国家艺术博物馆、慕尼黑巴伐利亚国家绘画收藏馆的合作要追溯到 2004 年。当时由德国三大馆的总馆长舒斯特先生、马丁沃特先生和鲍姆斯塔克先生一行 3 人组成的德国博物馆代表团到中国来访问。这是一次具有历史意义的中国之行，代表团被赋予了"德国的中国文化俱乐部"这样的殊荣和使命。基于对中国悠久历史和多元文化的敬仰，以及中国当下社会政治和经济的迅猛发展、艺术氛围空前活跃的极度好奇，这些"文化大使"走访了中国的多个城市，亲眼见证了中国在各方面的发展与进步，并着重参观和走访了当地的博物馆。但这仅仅只是一个开始，随后这几位总馆长特别是马丁沃特教授又多次来到我国的多个博物馆进行深度的访问和交流，充分显现了德国友人渴望了解中国，积极促进两国间文化交流，相互了解、相互学习的热诚和美好愿望。

经过双方的大量投入和相关人员坚持不懈的努力，令人期待的两个德国艺术精品展于 2008 年 5 月在北京中国美术馆隆重开幕了，展览"灵动的风景：穿越德意志艺术时空"和"格哈德·里希特艺术展"得到了中德两国政府的大力支持。在中国文化部和北京奥组委的支持下，"灵动的风景：穿越德意志艺术时空"展被列为奥运会重要文化项目，更是体现了北京奥运会确立的"人文奥运"的宗旨。它呈现了德国近两百年来的风景绘画精品，作品衔接了从浪漫主义经表现主义再到当代绘画的演变过程，也显示了德国三大博物馆的收藏实力。里希特在中国的首次大型回顾展得到了中国媒体及艺术界的极大关注，他作为西方当代有成就的艺术大师影响着一大批中国的中青年艺术家。展览呈现艺术家身上尊重日常经验、注重精神内涵的德国艺术精神，也充满了艺术家眼中所谓的新社会性与现实性。里希特先生本人亲自策划和设计了此次展览，唯一遗憾的是他由于身体状况，没有看到展览最终呈现出来的盛况。2008 年 6 月中旬，德国时任外长施泰因迈尔访华期间，与中国时任外长杨洁篪在中国美术馆会面，并一同参观了这两个有特殊历史意义和艺术价值的展览。两位外长在展厅里参观得十分尽兴，迟迟不愿离去，高度肯定了中德两国博物馆之间的深度合作。

同年 6 月，中国美术馆馆长范迪安先生策划了两个有中国特色的展览，一个是"变异的水墨"（The Transforming Marks of Ink），该展集合了中国当代优秀水墨艺术家的艺术作品。中国水墨画奥妙无穷，历史渊源博大精深，对于西方观众来说，想要读懂中国水墨画并不容易。这个展览的目的并非是要探讨中国水墨画的学术性深度，而是要为不了解中国画的德国观众提供一个独特的欣赏视角。另一个展览是"活的中国园林：从幻象到现实"（Chinese Gardens For Living），以中国传统园林为元素进行再创造，打散重组，把中国传统园林以现代人的解读方式呈现给观众，将中国传统和高科技相结合，呈现出别具一格的视觉盛宴。展览不但得到了两国政府的大力支持，中国时任国家主席胡锦涛和德国时任总统霍斯特·克勒还宣布同意作为该中德博物馆间交流项目的监护人。这正说明了政府和国家领导人对文化推广与交流的重视。在构建和谐社会中，文化和经济协调发展两者缺一不可。

2008 年，萨克森州的德累斯顿再次掀起了"中国热"，盛况空前的大型文化年活动"中国在德累斯顿——德累斯顿在中国"包括了一系列中德跨文化的重要交流项目，同时伴有丰富多彩的文化娱乐活动。整个德累斯顿都在谈论着关于中国的话题。

中国美术馆的中国当代水墨展和园林展取得了超出预想的成功。广东美术馆的"中国人本"展以纪实照片的生动形式，真实反映了以社会主义现代化为背景，艺术家眼里中国过去 50 年人们日常生活的方方面面。这个展览也先后到法兰克福、斯图加特、柏林和慕尼黑展出，在德国公众中引起了不小的反响。

此外，德累斯顿国家艺术博物馆与中国故宫博物院也进行了史无前例的合作，"金龙与白鹰"展览将中国皇室宫廷珍品与萨克森—波兰王室宫廷的收藏同时呈现给观众，展示出 17 世纪和 18 世纪两个不同历史时期和不同文化的瑰宝，既有共性又有特性，可以称为是一场中德文化的珠联璧合，体现了优秀文化应为世界人民所共享的理念。

中国的迅速崛起，是全世界有目共睹的不争事实。德国同样也对未来的德中关系有所展望与憧憬。德国博物馆的外交政策与中国聚焦，随之而来的中德博物馆间的深度合作，都为中德关系今后的发展创造了良好的基础与平台。

第 八 章
交通运输领域

第一节 波兹南的交通变化和发展措施

波兹南拥有广泛的公共交通系统，主要由电车（如波兹南快速电车）以及城市和郊区的公共汽车组成。城市的公共交通基础是 18 条电车线、53 条普通公交线、46 条郊区公交线和 1 条特快列车。到了晚上，公共交通有 20 条公交线路和 1 条电车线路。 大部分夜间班车每 30 分钟运行一次。2008 年波兹南的公共交通研究显示，城市交通相对方便。从那时起，波兹南运输业进行了许多改动，并进行了许多投资。

波兹南是欧洲具有较多汽车的城市之一。每 1000 名居民有 600 多辆注册乘用车，超过布达佩斯、布拉迪斯拉发、伦敦和柏林。自 2000 年以来，由于居民从波兹南移居到邻近的社区，车流量增长了近 60%。这导致街道拥堵，噪声污染，空气污染，出行安全性下降，并因此导致城市生活质量下降。由于城市中汽车驾驶员的增加，到达目的地的时间和成本也增加了。

为了满足居民的需求，该城市增强了公共交通服务的吸引力。因此，选择公共交通的居民比选择自驾的多。多年后，波兹南变成了一个特别适合行人通行的城市。市政府认为最重要的是重建交通路线，使周边地区的居民能够方便地住在城市。

自 2014 年以来，波兹南的债务一直在逐渐减少。截至 2014 年底，债务总额超过 16.36 亿兹罗提，到 2016 年底为 13.76 亿兹罗提，减少了 2.6 亿兹罗提。2019 年的债务金额为 11.98 亿兹罗提。2012 年虽为举办欧洲足球锦标赛进行了大额贷款，但波兹南准时还清了债务。

2016 年，该市在开放城市排名中获得一等奖。同年，波兹南因为出色地解决了社会问题，获得了波兰城市协会的奖项。2017 年，波兹南获得了城市网站奖。同年，其另一项重大成就是获得《福布斯》杂志评选的"有吸引力的商业城市"第二名。

第二节　圣彼得堡的交通国际化

圣彼得堡是一个重要的交通走廊，连接斯堪的纳维亚到俄罗斯、东欧地区。圣彼得堡是欧洲高速公路转折点，可以通往莫斯科、希尔克内斯、哈尔科夫、普斯科夫、基辅、塔林、彼得罗扎沃茨克等地。圣彼得堡拥有俄罗斯最大的海港，也是重要的国际航空港，通过 11 条航线同国内 200 多个城市及 20 多个国家通航。

圣彼得堡是俄罗斯西北区的铁路枢纽，以圣彼得堡为基地的俄罗斯铁路股份公司、十月铁路局负责境内的铁路运输和向欧洲的进出境客货运输。全局经营运输线路超过 1 万千米，有 10 多万名职工。

圣彼得堡拥有城际及市郊铁路网络，有 12 条铁路干线呈放射状分别通向赫尔辛基、华沙、莫斯科及俄罗斯其他大城市。市内共有 5 个方向、6 座始发客运火车站，分别是通往莫斯科方向的"莫斯科火车站"，通往波罗的海三国方向的"波罗的海火车站"和"华沙火车站"，通往白俄罗斯方向的"维杰堡斯克火车站"，通往北方和芬兰的"拉多加火车站"及"芬兰火车站"。另有几十个非终点站。圣彼得堡有国际铁路连接芬兰赫尔辛基、德国柏林及俄罗斯所有加盟共和国。赫尔辛基铁路建于 1870 年，全长 443 千米。游隼号列车往来圣彼得堡与莫斯科约需 3.5 小时。

莫斯科—圣彼得堡铁路于 1851 年开通，全长 651 千米。现在，旅客从圣彼得堡前往莫斯科搭乘列车需要的时间从 3.5—9 个小时不等。卡累利阿铁路（俄罗斯铁路和芬兰铁路合资）从 2010 年 12 月 12 日开始，行驶高速列车阿尔斯通列车（Allegro）往来圣彼得堡和赫尔辛基中央火车站之间。

圣彼得堡的长途客运分市郊长途、省际长途和国际长途。乘长途汽车可抵达莫斯科和周边各州的市镇，乘国际长途可前往白俄罗斯、波罗的海三国及芬兰等欧洲国家。市郊长途和省际长途主要由国营"客运汽车公司"经营。参与国际长途客运经营的还有民营公司和旅游汽车公司。赫尔辛基与圣彼得堡相距只有 400 多千米，每日均有频密的长途巴士来往两地。

圣彼得堡是全国最大的海港，经水路可通往国内外广大地区。由北欧或东欧进入圣彼得堡都十分方便，北欧地区的人们还可以选择乘坐油轮。它也是伏尔加—波罗的海水路与白海—波罗的海运河的终点。

圣彼得堡内河运输主要通过伏尔加—波罗的海水道，涅瓦河是水道的重要组成部分。来自俄罗斯中部和东北部的货物主要通过这条水道进行运输。运送的货物有石油和石油制品、金属、木材、建材和化工品等。因冬季冰冻限制，这条水道每年只有 6 个月左右的航运期。

圣彼得堡最高的桥梁是 2824 米长的大奥布霍夫斯基桥，于 2004 年通车。5—10 月之间，水翼船往返于圣彼得堡市中心与沿海城镇（喀琅施塔得、罗蒙诺索夫、彼得宫城、谢斯得罗列茨克和泽列诺戈尔斯克）。在气候温暖的月份，许多小船及水上计程车穿梭在圣彼得堡运河上。

圣彼得路线公司经营两条渡轮路线，分别是赫尔辛基到圣彼得堡与斯德哥尔摩到圣彼得堡。

圣彼得堡还是重要的国际航空港，是俄罗斯西北地区最大的空港。圣彼得堡的空中门户是普尔科沃机场，该机场占地 15 平方千米，有两条跑道，可起降世界上最大的飞机，同独联体范围内的 200 多个城市及国外的 17 个国家通航。机场离市区 20 千米，分为国内航班候机楼和国际航班候机楼，分别称为普尔科沃 1 号和普尔科沃 2 号。

普尔科沃机场在 1931 年开放。2011 年，该机场是俄罗斯第四繁忙的机场，位居莫斯科多莫杰多沃国际机场、谢列梅捷沃国际机场、伏努科沃机场之后。普尔科沃机场有两个主要航站楼（一个负责国内航班，一个负责国际航班）。普尔科沃机场被广泛认为是俄罗斯联邦中最大的现代化机场之一。根据估计，到 2025 年，普尔科沃机场每天将有约 17 万人次使用。俄罗斯政府计划建造新的航站楼，其末端将延伸至 1 号航站楼（国内）北边，并包含 18 个登机口。

普尔科沃机场和圣彼得堡市中心之间也有全天候的快速巴士服务。如果打出租车，则会贵一些，从机场出来坐出租车到市内的价格一般是 20—30 美元，但停在机场停车场的出租车统一要价是 50 美元，旅客可以砍价到 40 美元。另外有公交专线车（相当于中国民航大巴）直达机场，费用为 5 卢布。

圣彼得堡郊区也有 3 个小型商业货运机场。其中拉彭兰塔机场位于圣彼得堡，靠近芬兰边境，也受到俄罗斯游客欢迎。

第三节 柏林中央火车站的国际格局

铁路是一个国家和地区发展程度的深刻体现。德国作为欧洲经济强国，是世界上交通网较为发达的国家之一。以柏林为例，柏林中央火车站是欧洲最大、最现代化的火车站。它经过大约 11 年的建设，投入了大约 100 亿欧元，于 2006 年 5 月 28 日开放。它的前身为莱特车站。莱特车站在第二次世界大战中被毁，并在 20 世纪 50 年代被拆除，后由来自汉堡的冯格康、马克及合作者建筑师事务所于柏林市中心的政府区附近设计了新的火车站，也就是现在的柏林中央火车站。

东西方向运行的 321 米长的轻轨玻璃大厅与南北方向运行的 160 米长、40 米宽的车站大厅相交，形成一个整体，也成了这个曾被东西割据的城市的一个新象征。拱形的中央屋顶使车站显得精致而宽敞，高处的平台充满了日光，在各个楼层的天花板上也均设有大开口系统，使日光可以到达较低的轨道，也使人们对整个火车站的空间有良好的认知。内部有两个主要的铁路交通楼层及商务楼层，同时还拥有 15000 平方米的购物商场和 44000 平方米的办公空间。

作为柏林的交通枢纽，柏林中央火车站拥有极高的国际格局。首先，柏林中央火车站也是一个地区火车站，与柏林的 S-Bahn 网络有直接联系，仅需 10 分钟即可到达亚历山大广场或动物园站。另外，它也是一个综合性的大型立体化换乘中心，是"通向世界的大门"，来自各方的列车都可在这里停靠或前进。资料显示，庞大的火车站每天能容纳超过 1100 列火车进出，平均每 90 秒钟就有一列火车进出，日接送乘客达 30 万人次。也就是说，这座火车站可以轻而易举地在一天时间内把中国一座中小型县城的所有人口都转移走。

其次，其建筑结构十分巧妙。它的站台最低位处于地下 15 米，为减少地下水压造成的伤害，设计师通过精准的力学计算，使设计的办公楼的重量和地下水压持平，大大延长了地基的寿命。车站内线路采用的是稳定性好、变形量小的无渣轨道，这样列车运行起来就会更加平稳安全，轨道下又铺设减震层，有效降低了列车运行震动对地基和周围楼体的影响。为防止发生脱轨翻车事故，靠近站台的钢轨旁都加装了防侧翻第三轨。美观的火车站，实际上每一处设计都是为了旅客的安全着想。

一个具有国际格局的车站，最重要的是能考虑到来自不同国家和地区的游客，使游客的舒适度最大化。中央车站完美地将交通运输和购物娱乐结合起来，车站结构清晰分明，很大程度上避免了人流过大时造成的拥堵等弊端；中间的三层是"购物世界"，为游客提供了购物和休闲场所，让他们在候车过程中可以消遣。同时德国联邦铁路在中央车站提供 30 分钟免费 WiFi 服务，这对于现在的年轻人来讲或许已经十分人性化了。另外，考虑到残疾人士和老年人群等，车站内还配备了无障碍电梯，电梯按钮设置较低，还配有盲文和语言提示，能够满足所有使用者的需求。

玻璃大厅算是柏林中央火车站的最大特点，它使乘客们处于一个巨大的玻璃房内。玻璃表面附有防辐射材料，即使是烈日当头，也不会让人觉得炎热，下雨了也能为乘客遮风挡雨，而且发挥了采光的作用，增强了通透性，起到了引导作用，乘客可以便捷地甚至"零距离"换乘，大大节约了时间；同时，若遇到什么危险，也能清楚地看到疏散标志逃生，安全方面考虑十分周密，可见设计师的用心之处。另外，这样一个玻璃建筑也为其本身节约了不少能源，玻璃天顶上安装有 3500 平方米的太阳能电池，这是全柏林规模最大的太阳能发电装备。同样，这样的设计还能在一定程度上减少车站广播和列车进出站对周围环境带来的噪声污染。

上文提到最多的就是该火车站的安全性，的确，其安全性真的做到了极致。除去前面所说的几项，它还有其他更多的细节，如通风条件良好。为保证地下隧道和站内停车场有充足的新鲜空气，设计师专门设计了一个通风塔，我们经常在书上、图片上看到的"DB"标识，就挂在这座通风塔上。此外，车站也考虑到了防火方面的措施，车站内有 2000 米的消防电缆、9000 多个洒水装置及 12 米长的水管线，如果出了火灾事故，也能第一时间控制住。在车站这样一个人流巨大的地方，监控是不可缺少的，监控设备无处不在，确保车站内的秩序。[1]

交通的建设一直都是一项耗资耗时巨大的工程，发达的交通更能体现出

---

[1] Berlin Hauptbahnhof. https://www.bahnhof.de/bahnhof-de/bahnhof/Berlin-Hauptbahnhof-1029794，2021-05-03.

一个国家或地区的经济实力，同样，完善的交通系统也能为该国家和地区带来经济效益。柏林中央火车站这样一个设计独到、舒适度高、安全性高、具有国际化格局的火车站，同样也反映了柏林的国际化格局和经济实力之强大。此外，柏林中央火车站成立以来，几乎没有发生过什么交通事故，不得不说，在国家公共基础设施建设上，德国人做得很好。若想让我国交通建设往国际化发展，以上种种非常值得借鉴。

第四节　北欧四国中心城市的交通及物流国际化

瑞典斯德哥尔摩工业和港口地区正在开发一代生态城市区，名为斯德哥尔摩皇家海港。皇家海港城位于斯德哥尔摩市区的东北区，距离城市中心区仅 3.5 千米，它原来是斯德哥尔摩市最大的工业港口区。皇家海港属于城市的环境计划与气候计划的一部分，它为未来城市的其他地区发展铺平道路，并且对在 2030 年之前实现无化石燃料的计划也有帮助。作为斯德哥尔摩 2030 计划中的重要组成部分，皇家海港城将规划新的住宅区和商业区，工业港口将被建造成现代化的港口码头，天然气工业区也将被建设成为拥有博物馆、学校和图书馆的城市公共区域。该地区对环境的要求甚至超过哈马尔比，并且在皇家海港创新的绿色技术将使居民能够使用手机来管理自己的能源消耗。

皇家海港城为建设一个世界级可持续发展市区的目标，主要在城市功能、交通、资源能源与蓝绿体系 4 个方面设计与实施策略，推进生态、经济、社会 3 个方面的可持续发展。皇家海港城不仅减少了资源浪费，还有效控制了废物的浪费，并且提出充分利用太阳能源的潜力，以便缓解暖气付费的问题。城区还制订了细致的能源目标，每年跟踪记录目标实现情况并做出有效的反馈。关于水的处理，城区管理致力于污水和雨水处理两个方面。该城区具有污水处理系统，旨在减少对湖泊和海洋的环境影响，并优化污水回收的利用，通过尽可能多的闭环系统，使营养物质返回耕地，从而减少海洋的富营养化。对于垃圾的处理，该地区延续了哈马尔比城区的技术。

皇家海港城是瑞典政府的一项漫长工程，从 2008 年开建，预计到 2030 年建成。可持续与生态环境对世界国际化城市非常重要，因此斯德哥尔摩为了变成世界上最生态的城市之一，就投资建设可持续城区。为此，斯德哥尔摩提出 2030 年城市愿景规划，打造具有国际竞争力和高成本效益社会服务的城市，以更好地延伸和拓展可持续国际化智慧城市建设。

奥斯陆是挪威的首都和第一大城市，是该国家的王室和政府所在地，并且也是主要港口，还是教育、交通、文化、经济中心。据全球化与世界城市研究网络的最新研究，奥斯陆被列为 Beta 城市。根据 2019 年的调查，该市的人口大约 100 万，并且大都会的人口大约 200 万。奥斯陆靠波罗的海与北海，位于挪威的东南部，在斯堪的那维亚的半岛上，它是这个半岛上最古老的城市之一。1048 年，挪威的王子建立了奥斯陆城市，后来这座城市变成了挪威的首都。奥斯陆是 1952 年冬季奥运会的主办城市。奥斯陆也是诺贝尔和平奖的颁奖地，每年的颁奖仪式就在奥斯陆市政厅举行。挪威的劳动力平均教育水平和生产力水平很高。奥斯陆有多所在国际上比较著名的高校，如奥斯陆大学，建立于 1811 年，是挪威历史最久、规模最大的大学。它设有神学、法学、医学、历史与哲学、数学与自然科学、牙科、社会科学（含教育、政治和经济）等学院，附设植物园、北欧古代文物珍藏馆、古币陈列室，以及植物学、人种学、矿藏与地质、古生物学、动物学等方面的博物馆。

奥斯陆的公交系统是挪威最发达的。该市的地铁包括 6 条线路，并且还拥有具有 6 条线路的奥斯陆有轨电车。具有 8 条线路的奥斯陆通勤铁路奥斯陆中央车站是城市交通的中心枢纽，并为挪威南部的大部分主要城市及瑞典的斯德哥尔摩和哥德堡提供铁路运输服务。在欧洲各国城市中，奥斯陆较富有，是一个幸福城市。奥斯陆具有高度社会平等及政治稳定性。奥斯陆的政府不仅想让它成为一个可持续发展的城市，也想要为其居民和游客提供一个享受清洁空气和水的机会。

奥斯陆致力于打造高效生态的交通系统。奥斯陆的政府将使其居民无须开车便可方便地上班。它将减少在市内的汽车使用，同时为行人与骑自行车的人改善公共交通。城市的行政管理将为了行人、骑自行车的人和公共交通开发更多的街道。该市也将对所有新的城市发展项目实行严格的停车规范，减少街上停车位的数量，并实行居民停车许可证制度。为了鼓励居民步行或骑自行车上学或上班，政府将提供有吸引力的路线，为提高行人安全性而改善大量行人使用的街道，以及在人行道上建立自行车道。市政府的另一个目标是提高公共交通出行占小汽车出行的比例。市政府将推广使用更环保的汽车和电动公共汽车。奥斯陆使用的所有市政车辆将采用零排放技术（如采用生物燃料、电力或氢气）。

到 2040 年，奥斯陆人口将增长 28%，这意味着其将是欧洲发展最快的城市之一。奥斯陆城市发展基于例如质量、功能和美学等核心价值。奥斯陆的蓝绿色特色、周围的森林和峡湾，以及和城市交织的河流，为其居民创造了一种幸福感。与其他依靠地理扩张成长的城镇相比，奥斯陆通过紧凑的城市发展、创造新港口和交通解决方案来建设。该市的发展战略是未来指向型，节约能源并且为许多城市提升质量创造可能性。

哥本哈根是丹麦与北欧最大的城市，同时也是丹麦的首都及最大的港口，是该国经济、政治、文化、交通中心。根据 2020 年的研究，哥本哈根的人口数量为 79 万，哥本哈根大都市的人口为 200 多万。哥本哈根位于西兰岛的东海岸。城市的另一部分位于阿迈格（Amager），通过厄勒海峡（Øresund）与瑞典马尔默（Malmö）隔开。厄勒海峡大桥通过铁路和公路将两个城市连接起来。原来，该城市是在 10 世纪建立的小维京村。15 世纪后，这一小农村变成了丹麦的首都，该地是现代哥本哈根的老城区，叫 Gammel Strand。自 21 世纪以来，哥本哈根在其机构和基础设施方面的投资促进了城市和文化的强劲发展。该市是丹麦的文化、经济和政府中心。哥本哈根证券交易所是北欧的主要金融中心之一。该市的服务业领域得到了快速发展，特别是通过信息技术、制药和清洁技术方面的举措。哥本哈根也是全世界最幸福的城市之一。丹麦重要的食品、造船、机械、电子等工业大多集中在这里，世界上许多重要的国际会议在此召开。哥本哈根既是传统的贸易和船运中心，又是新兴的制造业城市。全国三分之一的工厂建在大哥本哈根区。哥本哈根大学是全国历史最悠久的大学，于 1479 年成立。大学的著名研究范围包括科学、医疗、法律、社会科学、科技和人文学科。它同时也是国际研究型大学联盟（IARU）的成员，和知名学府牛津、剑桥、耶鲁、加州大学伯克利分校等大学有研究合作关系。同时，哥本哈根也是丹麦技术大学、哥本哈根商学院和哥本哈根信息技术大学的所在地。

哥本哈根国际机场作为北欧地区最重要的空中交通枢纽，有 60 多家国际航空公司使用该机场，北欧航空公司（SAS）经营的中国飞往丹麦的航线由北京（每周 7 次）和上海（每周 6 次）两地，直飞哥本哈根机场。哥本哈根拥有广泛的公路网络，其中包括通过厄勒海峡大桥连接丹麦和瑞典。汽车仍然是城市内部最受欢迎的交通工具。但是，这可能会导致高峰时段的交通严重拥堵。厄勒海峡火车每周 7 天、每天 24 小时连接哥本哈根和马尔默。每天都有前往挪威奥斯陆的轮渡前往哥本哈根。哥本哈根的 S-Train、地铁和区域火车网络约有一半的人口在使用。靠近市中心的 Nørreport 站为乘搭干线、S-Train、区域火车、地铁和公共汽车的乘客提供服务。每天约有 75 万乘客使用公共交通设施。

哥本哈根还是欧洲的自行车之都。众所周知，阿姆斯特丹有许多骑车的人，不过哥本哈根被认为是欧洲自行车骑行者最多的城市。对哥本哈根的居民来说，自行车不仅是交通工具，也是他们的生活方式。在哥本哈根骑车的人有年轻人和老年人，他们中有市长、医生、政客、背着乐器的音乐家或背着公文包的商人。据统计，哥本哈根的每个居民每天骑大约 3000 米的自行车，其中几乎 50% 的人每天骑车上班、上学或见朋友，其市内的单车数量在 2016 年底正式超越汽车数量。这意味着该市的基础设施建设得很好。目前，这里有 300 多千米的自行车道，为行人和骑自行车的人修建的桥梁和隧道比汽车用道还多。自 2006 年以来，哥本哈根新建了 13 座桥梁和交叉口，它们都被排除在汽车交通之外。几年来，哥本哈根在自行车道网络上的投入已超过 10 亿丹麦克朗（约 1.34 亿欧元）。城市一直在增加各种投入，这使越来越多的人决定使用自行车。这包括安装在地铁站和火车站楼梯上的专用电梯。因此在哥本哈根，居民能带着自行车去坐地铁，因为地铁里有自行车车厢。哥本哈根还设有几十个拥有给轮胎打气的打气泵和一些基本工具的城市免费维修站点，十字路口有为骑行者提供的脚支点，偏僻小路上还安装了许多垃圾桶，方便人们扔垃圾。

赫尔辛基是芬兰的首都及全国最大城市，也是芬兰经济、政治、文化、旅游和交通中心，是世界著名的国际大都市。该市同时也是全球幸福感最高的城市之一。赫尔辛基位于新地区，芬兰南端的芬兰湾岸边。在 2017 年底，该市人口为 643272 人。所谓大赫尔辛基是由赫尔辛基、埃斯波、万塔和考尼艾宁 4 个城市一起组成的都会区，据 2014 年底的统计，该都会区人口为 1420284 人。

　　赫尔辛基不仅是芬兰政治、经济、文化和商业中心，也是芬兰最大的港口城市，全国 50% 的进口货物通过赫尔辛基进入芬兰。尽管芬兰国土面积不大，但在包括经济稳定性、安全性或数字化等方面的世界排名中，其都处于领先地位。

第 九 章
创新创业领域

第一节　北欧四国首都的创新创业国际化

丹麦哥本哈根的管理者们认为，保护生态和改善城市的生活条件并创造新的工作机会，代表城市的创新。2017 年，因为该市能够向 94% 的公民提供公共电子服务，而在智慧城市指数中排名第一。哥本哈根的第二个关键项目是城市数据交换。这是一个私人公共项目，旨在研究城市所有用户（公民、公共机构和私营公司）之间的购买、销售以及共享广泛的数据。该市的目标是建立一个共同的数据中心，以促进创新，改善哥本哈根居民的生活质量，促进经济活动，并为二氧化碳中和计划做出贡献。该项目旨在促进企业、大学和公共部门之间的合作。2014 年，哥本哈根市以"哥本哈根连接项目"（Copenhagen Connecting Project）推动城市大数据发展获得巴塞罗那的世界智慧城市奖项，其借助手机 GPS 系统、广布在垃圾桶与下水道的传感器，收集公共环境数据，协助市政府达到智慧城市目标，为市民与企业提供更好的生活与投资环境。

芬兰首都赫尔辛基的健康生态系统得益于世界一流的大学、国家政府的大力支持、诺基亚的人才及广受欢迎的 Slush 创业大会。诺基亚的破产是一场全国性的悲剧，但它使许多由前诺基亚员工创立的创新企业得以诞生，这些员工因其对移动技术的卓越知识而脱颖而出。

世界一流大学为芬兰创新生态系统的成功做出贡献，其中之一是位于集聚区内的阿尔托大学。这是一个独特的高等教育项目，旨在建立创业点，并为跨学科研究和技术研究提供帮助。

在选择赫尔辛基作为创业地点时，芬兰的生活方式可能也是一个额外的优势。在最新的世界幸福报告中，芬兰连续几年被评为世界上最幸福的国家。自 2009 年以来，芬兰已经成立了 200 多家游戏领域初创企业。这一趋势可以归因于 Rovio 和诺基亚在移动和技术创新方面的成功。

挪威奥斯陆《未来城市计划》将继续在气候变化及生态环境的城市行政管理方面进行区域和国际创新合作。该市将与中央政府和地区机构合作参与气候变化运动。这项运动是为了鼓励家庭、公司、市政当局和其他公共部门参与以减少温室气体排放。该市还将继续实施为期 10 年的城市发展和建筑计划，该计划的重点是开发和测试生态高效节能住宅。

奥斯陆将在遵守《环境信息法》方面树立一个良好的榜样。根据奥斯陆环境工作的总体宣传战略，其将组织咨询和监督，以确保市政机构了解该法规定的公共部门义务，并确保遵守程序。奥斯陆环境门户将作为公众要求的信息渠道。奥斯陆的目标是向所有的城市官员、居民、政府组织、商业部门宣传城市生态方案的内容。城市生态计划和奥斯陆的环境状况报告将在每个市议会时期更新。奥斯陆将通过市政管理系统促进环境管理生态、高效。这不仅意味着市政服务将以有成本效益的方式来持续，而且资源将得到尽可能有效的利用，并且保证环境影响最小化。奥斯陆还将确保其环境工作的高标准。城市将协调并加强环保机构管理，以实现奥斯陆的环境目标，并为奥斯陆的环境管理系统提供支持，让相关员工有机会参加课程以提高他们的环境专业知识。

瑞典斯德哥尔摩提出 2030 年城市愿景规划，以打造具有国际竞争力和高成本效益社会服务的城市，更好地延伸和拓展可持续智慧城市建设。目前，在全球范围内，越来越多的人离开农村地区，搬到城区。人民寿命更长，并且国际劳工流动性增加，因此城市所提供的的机会与需求变得越来越多。数字化与新技术的发展为社会创造多样的机会和利益。斯德哥尔摩在高级数字化的同时数字基础设施也很发达。"可持续发展"一直是斯德哥尔摩建设智慧城市的核心战略。斯德哥尔摩提出"更聪明"（Grow Smarter）项目，融合了包括能源、基础设施和交通出行三大行动领域的智慧城市解决方案，以满足该市的社会、经济和环境可持续发展。

该项目是与市民、学术界和工业界共同制定的。市政府邀请不同年龄段的市民谈论城市的不同问题和解决方法，也通过社交媒体进行对话。大约有 3350 人通过数字渠道发表了他们的观点，并且积极与在发展成为智慧城市方面取得更大进展的城市进行经验交流。

斯德哥尔摩的 12 类智慧城市解决方案，并没有直接提出对城市进行全盘改造，而是在现有基础设施之上，小范围开展智慧城市技术的融合，从试点到单个智慧城市产业，再逐步带动全城的智慧城市建设，最终实现城市整体建设目标。

第二节 杜塞尔多夫对移民创业的支持

创新创业领域是一个城市的活力所在，也是国内外青年人关注的发展机遇。在这方面，杜塞尔多夫市政府针对外籍人士的创业指导手册对我们的城市建设有一定的启示。下面是杜塞尔多夫市政府针对非德国籍外来人员的创业指导手册的主要内容，以飨读者。[①]

一封来自杜塞尔多夫市长给国外创业者们的信

尊敬的各位创业者，您好！

德国的经济领域内不仅活跃着众多的国内企业家，同时外国人和具有移民背景的人目前也是德国最具活力的公司创办者，他们为德国各行各业的经济发展做出了重要贡献，创造了许多就业机会。作为外国人，如果要在德国创办公司，不仅需要一个好主意、很多来自政府层面的承诺，同时还需要为市场创造良好的条件，在语言层面获得相应的支持，并且需要投资者对当地的文化有着深入的了解。通常情况下，国外投资者习惯于依赖私人关系、家人、亲戚或朋友的建议。但是，专家提供的信息和建议才是建立公司成功的

---

① 资料来源：德国杜塞尔多夫市政府经济促进处官方网站，www.duesseldorf.de/wirtschaftsfoerderung，2021-07-15.

首要前提。杜塞尔多夫是德国创新创业率最高的城市之一，其城市的国际基础设施尤其适合外国来此发展的初创企业。

通过本手册，杜塞尔多夫市政府概述了作为公司创始人，您应该如何在该城市迈出建立公司的第一步。在此过程中，您的公司将遇到许多外国初创企业的一些特殊情况，如关于居留权问题，以及在国外获得专业资格的认证问题。关于这些问题，杜塞尔多夫市政府都将予以相应的支持。同时，企业家们还可以与我们的业务发展专家及其网络合作伙伴取得联系，他们将指导您通过各种机构获得广泛的建议以及指导。

祝您在杜塞尔多夫创业成功！

您的，托马斯·吉塞尔（亲笔签名）

第一章：非德国国籍公民创建公司的先决条件

原则上，任何人都可以在德国成立公司。但是，外国人来此创业，必须根据其国籍满足某些要求。

1. 居留许可的要求

作为在杜塞尔多夫的创业者，您必须首先满足欧盟居留法的要求，取得在德国居留的权利，这是您在此创业的先决条件。

（1）欧盟公民

根据欧盟法律规定，自由流动和贸易自由条款适用于欧盟成员国及自由区瑞士。这意味着，欧盟公民如果想移居另一个成员国，并在此国家成立公司，则不需要居留许可。

（2）非欧盟国家的公民

来自非欧盟国家的公民可以根据自己所要从事的经济活动申请居留许可证，如果所从事的经济活动将对该地区经济发展产生积极影响，且实施资金来源有保障，那么很大程度上您将获得居留许可。

通常情况下，该申请应该提交给您所在国家的德国外交部门。如果您已经在德国境内，并且具有以其他目的的居留许可，那么您可以向移民局申请独立工作的许可。

如果需要确定您在德国的居留许可权利，可联系以下机构。

名片：杜塞尔多夫市外管局

2. 国外获得的资历认证

为了能够在德国建立自己的公司，在许多领域中，拥有在国外获得的从业资格是前提。这首先适用于所谓的"规范类职业"，如手工艺、医学或护理专业。在您开始创业之前，必须认定您的资历符合要求和标准，您之前所受的培训的内容和持续时间以及所获得的相关领域专业经验都会被考虑在内。

（1）职业资格认证

建立公司和提供服务的自由适用于欧盟国家公民，想要永久在德国定居并开展业务的任何人都必须获得相应的学历认证。

（2）认证方法

在工业和贸易领域，外国技能认证局（IHK FOSA）作为资质认定的中心机构主要负责检查您在国外获得的资质是否在德国具有同等价值。如果在所需认证的职业资历方面两国存在显著差异，则可以选择参加德国相应的后继认证方式（考试或适应课程），以达到同等水平。

名片：外国技能认证局官方网站（www.ihk-fosa.de）

3. 手工业者和熟练技工

在国外具有手工业从业经验并且通过职业资格技能考试的人，其资历可根据德国相应的行业资历进行认定。任何具有与德国硕士学历同等水平的专业资历的人均可获得相应的手工业从业资格及同等效力的证书。该考核由当地手工艺品商会执行，并由它们决定外国的从业资格是否等同于德国相应的从业资格。

名片：杜塞尔多夫工商联合会

名片：杜塞尔多夫手工业者联合会

4. 语言支持

掌握德语是创办公司的重要先决条件。这虽然不是绝对必要的，但是如果您想在德国创办公司，则必须根据德国法律来经营和管理公司，没有德语知识，就很难获得重要和正确的信息，如了解分支机构以及申请贷款的程序。

我们提供语言能力等级测试，请您利用相关网站和机构测试您的语言水平。如果水平未能达到合格，请您参加我们提供的语言课程。

有关融入课程的事宜您可以联系"成年外籍人士语言咨询办公室"，也可以直接与各语言培训机构联系。他们将很乐意为您提供建议，并帮助您选择合适的语言课程。

名片：成年外籍人士语言咨询办公室

第二章：成立公司的步骤和环节

业务定位的确定和初始阶段的工作开展是成功创办公司的关键。在开始业务之前，请您充分利用我们提供的免费建议和支持。

1. 商业企划书：成功启动的关键

如果要创办公司，首先需要拥有一个有前景的商业创意。因此，您首先需要拟定一个详细的商业企划书，其中应对如何实现您的商业创意进行详细的描述，包括能够导致商业创意成功和失败的所有重要因素。计划越精细，越详细，您的项目获得成功的机会将越大。在详细的业务计划中，您必须重新考虑该项目中所有要点，以及所有机遇和风险。完善的商业计划能够说服投资者相信您的公司在未来能够创造足够的销售额，以偿还公司的借款。我们将提供一系列的服务，为您制订商业企划提供支持：商会、商业企划大赛、现场启动计划以及德国复兴信贷银行集团的咨询服务，都将为您的商业企划带来帮助。

商业企划的主要组成部分包括：

- 创始人项目

- 创始人简介

- 经营理念（服务计划、目标群体）

- 评估市场、定位和竞争

- 营销策略

- 组织和员工计划

- 场所

- 技术设备

- 未来前景

预算方面则应包括：

- 资本需求和融资计划

- 盈利能力预测

- 支出方面的可持续性

- 资金流动计划

2. 商业咨询服务

我们将为在杜塞尔多夫投资的外国公司和个人，以及希望在杜塞尔多夫创业的创业者和投资者提供一系列商业建议。我们将为你们提供有关成立公司的个人建议和信息，安排与法律和税务顾问的联系，为你们的签证程序提供支持，并帮助你们找到合适的投资人。如果有语言方面的支持需要，我们也将提供帮助。

名片：杜塞尔多夫商业咨询办事处

3. 论坛与研讨会

商业发展机构定期为外国创业者提供英语研讨会和论坛。会议主题是关于成立公司、就业和居住法、财政和税收方面的基本问题。成功的新企业家将会定期参加会议，分享他们的经验，并给出建议。

会议日期和日程请参见网页 www.go-dus.de。

4. 资金

如果要创办公司，通常必须在项目中投入一大笔资金。您可以根据商业需求计划来确定必须投入多少资金。资金需求计划属于重要的计划，无论您是仅通过自己的储蓄还是在贷款的帮助下进行项目融资，资金计划都是必不可少的。那些没有计划的创业者可能会有资金短缺的风险。我们建议您最好首先与您的业务银行进行洽谈。

信用额度不高的创业者通常会在通过自己的银行进行融资时遇到问题。为了使他们更容易地开展自己的业务，杜塞尔多夫市政府与 STARTER CENTERS 合作，可以为优秀的创业项目提供最高 25000 欧元的小额贷款。具体请参见网页 www.startercenter.nrw.de/ Unternehmensfinanzierung.html。

5. 公司注册

注册公司核心问题之一是法人形式的选择，形式不同，所需的手续和程序也各不相同。

最简单的公司注册形式是在杜塞尔多夫的贸易登记处注册贸易公司。原则上，该公司形式无须额外许可即可开展业务。对于某些需要许可证的企业，如餐馆、房地产经纪公司、房地产开发商和手工业者，除注册外，还必须申请营业执照。营业执照同样也可以从商业登记处获得此许可。

您可以在商业注册办公室的主页上找到更多信息。

您可以在我们的网页找到与在线申请有关的所有表格，并在家里的计算机上填写这些表格：www.startercenter.nrw.de/gruendungsformalitaeten/

Formularserver-nrw.html。

第三章：法律形式

1. 合伙制公司

合伙制公司与普通公司的不同之处在于，公司不承担任何责任，合伙人通常个人承担责任。合伙关系包括民事合作关系（GbR），普通合伙关系（OHG）和有限合伙关系（KG）。除 GbR 外，其他合伙关系必须进行商业登记。

2. 有限责任公司（GmbH）

公司形式中最重要的形式是有限责任公司（GmbH）。这类公司的特点是所需的启动资金为 25000 欧元，并且股东对所投入资金所负责任有限。因此，它特别适合希望控制责任风险的创业者。该公司的另一个优点是 GmbH 也可以由个人成立。

3. 企业家公司（有限责任）（UG）

俗称 Mini-GmbH 和 1-Euro-GmbH，该类型的公司于 2008 年在德意志联邦共和国被创造出来，比常规 GmbH 更易于启动。UG 的成立过程与经典 GmbH 有微小差异。

有关选择法律形式的所有其他问题，请您参见杜塞尔多夫商会和杜塞尔多夫工艺品协会 STARTER CENTER 的建议，也可联系税务顾问或律师。

名片：杜塞尔多夫商会

名片：杜塞尔多夫工艺品协会

4. 自由职业者

自由职业的最重要特征是个人和职业与独立性之间的紧密联系。想要确定哪个职业实际上属于自由职业的范畴并不容易。在行业目录中，以下职业可作为自由职业而存在：医生、律师、税务顾问、公证人、工程师、建筑师、理疗师或口译员。对于艺术家、设计师、IT 从业者和业务顾问等，他们是否与某个公司签订了合同将最终决定他们的工作是否归为自由职业。自由职业者不在贸易办事处注册，只能在税务局注册。

有关自由职业的基本问题，请联系我们的业务顾问。

第四章：保险和养老金

疾病保险和养老金也是企业家未来职业规划的重要组成部分。因此，您应该从一开始就为患病的风险和养老金做好相应准备。

1. 税

不管您是以一家企业还是自由职业者的身份进行注册，想要从事专业活动，您必须在分管您的税务局注册。为此，您需要提交用于税务注册的调查表。在税务局审查后，您会收到公司的税号。您应该尽早提交此调查表，因为注册可能需要一些时间。您可以从商业登记处，您所在地的税务局或联邦中央税务局的网站上获取该表格。新成立的初创企业通常有义务每月提交营业税报税表，如果雇用人员，还必须提交电子报税表。同时每个年度还有提交税务声明的义务。

对于公司而言，聘请一名税务顾问有着重要的意义。杜塞尔多夫税务顾问协会为您提供了有关税务事宜的搜索引擎。

网址：http://www.stbk-duesseldorf.de

杜塞尔多夫税务局将很乐意为您解答关于税务的一切问题。

2. 医保

像所有公民一样，自由职业者也必须参与法定或私人健康保险。之前已经在缴纳社会保险或通过家庭保险投保的任何人，都可以在私人保险和加入法定医保之间进行自由选择。想要从事自由职业或成立公司，则必须参加法定医保。许多保险公司都可以以不同的语言为您提供相关建议。

3. 员工事故意外险

在德国，雇主必须为雇员提供法定事故保险。您可以通过法定事故保险的免费热线电话查找哪个行业协会对您负责（热线：+49 800 6050404）。他们将很乐意为您提供信息。

您也可以从德国员工事故意外保险网站（网址 www.dguv.de）获取更多信息。

第五章：员工

如果您想雇用人员，需要面临一系列的问题。我们建议您利用当地相关机构提供的建议。

1. 退休金

自由创业者应及时计划退休金计划。您在雇员期间获得的法定养老金的权益必须被保留。您可以自行决定成立公司后是否进一步加入法定退休金保险。法定退休金保险中的养老金通常只涵盖基本护理。为了获得足够的养老金，您仍然应该同时选择参保私人养老金保险。

具体信息您可以咨询德国退休金保险服务中心。

2. 招收员工

您是否打算雇用员工，是否想了解有关雇员的基本要求和问题？杜塞尔多夫职业介绍所的就业服务部将很乐意为您提供帮助，为您提供有关手续的建议，并为您寻找合适的员工。

名片：杜塞尔多夫职业介绍所

第六章：其他重要网址和互联网门户网站

关于创业，互联网上有大量信息。最后，我们为您提供一些最重要的网址和门户网站信息。①

德国联邦经济和能源部：www.make-it-in-germany.com

在德国工作和生活的热线：+49 30 1815-1111

BMWi 创业门户网站：www.existenzgruender.de

信息和建议

地址：杜塞尔多夫创业网络

网址：www.go-dus.de

地址：注册协会

网址：www.althilftjung.de

地址：州首府杜塞尔多夫贸易登记处

网址：www.duesseldorf.de/ordnungsamt/gewerbe/gewmeld. shtml

地址：北威州启动中心

网址：www.startercenter.nrw.de

融资

地址：杜塞尔多夫市立公园

网址：www.sskduesseldorf.de

地址：北威州银行

网址：www.nrwbank.de

地址：德国复兴信贷银行

网址：www.kfw-mittelstandsbank.de

地址：北威州有限公司担保银行

---

① 附注：包含政府机构、咨询机构的诸多重要信息，供读者参考。

网址：www.bb-nrw.de

地址：天狼星杜塞尔多夫种子基金

网址：www.sirius-venture.com

特别倡议和专题

内容：ATIAD – 土耳其中型企业和初创企业协会

网址：www.istebilgi.de/de/existenzgruendung.html

内容：女企业家倡议

网址：www.unternehmerinnenbrief.de

内容：大学基金会

网址：www.diwa-dus.de

内容：NUK – 商业计划竞赛

网址：www.n-u-k.de

内容：养老金保险

网址：www.wegweiser-rentenversicherung.info

下篇
XIAPIAN

欧洲经验对杭州国际化建设的启示

OUZHOU JINGYAN DUI HANGZHOU
GUOJIHUA JIANSHE DE QISHI

第 十 章
打造国际化都市的经贸产业基础

第一节 借鉴法国主要城市国际化的综合发展方式

在国际合作交流日益密切的大背景下，法国城市表现出积极融入国际化的发展趋势。城市国际化以实现可持续发展为导向，努力打造创新创业能力高、国际吸引力强、生态宜居的大都市，为市民提供优质生活保障。杭州市建设国际化大都市也可借鉴法国经验，城市的国际化注重软硬实力的综合发展，既注重基础设施的完善、经济实力的提升，也强调文化交流、城市治理等软实力的提升，切实增强产业国际竞争力、城市创新创业能力、城市国际影响力和国际吸引力。充分发挥政府、企业、教育和科研机构及公民等各方面参与共建智慧城市的积极性、主动性和创造性，为城市国际化提供优良的内部环境。

第一，打造高水平的创新创业中心，建设创新创业之都。实施创新驱动发展战略，充分发挥信息经济的优势，整合创新创业资源，加大对科技研发的投入，加快科技成果的转化成效，促进国际经济合作参与，建设试验战略平台，培育和发展前沿产业、高端产业，提升创新之城的综合实力和国际影响力。

加快创新创业平台建设，提升国际创新资源交流平台，大力吸引国际知名研发机构和孵化平台落户。建设竞争力集群，大力发展城市优势产业。巴黎优先发展金融、生物医药、贸易和手工业、绿色经济、交通和物流、旅游、创意和文化产业、社会互助经济等领域。里昂重点发展生命科学、清洁技术、工业、第三产业、智慧城市、数字化等领域。尼斯着力发展市政设施和服务、智能电网、汽车服务等领域。

完善产学研合作机制，支持龙头企业、孵化平台、高等教育和研究机构联合研发，组织实施一批区域、国家和欧盟的重大科技示范应用项目，推动科技成果的有效转化。优化国际化投资环境，增强企业投资吸引力，加强国际化招商队伍建设，引进世界 500 强企业、全球行业领先企业和国际创新型企业。

第二，着力打造国际会议目的地城市，深入推进旅游国际化，带动旅游相关行业的发展，促进旅游国际化与城市国际化的良性互助。

提供卓越的接待服务，提升承办大型国际活动的能力。巴黎在 2018 年国际大会及会议协会（ICCA）国际会议吸引力城市排名中位居第一，共组织了 212 场符合协会标准的国际大会。在巴黎举行的所有活动中，国际会议组织所占比例不到 20%。里昂是法国第二大会议和展览会举办城市，在欧洲排名第 35，每年约举办 60 场会议和 100 个展览会。尼斯每年举办 400 多场全国和国际性活动，包括戛纳国际电影节、戛纳电视影视展览会 MIPCOM、戛纳电视节展 MIPTV、全球建筑界峰会 MIPIM、传媒巨头 Imagina 大会、思爱普（SAP）合作伙伴大会、PeopleSoft 会议、免税世界展览、Gartner Symposium Itxpo 峰会等。尼斯机场专门提供多样化的服务，在每个航站楼设立协调组织会议的商务中心，保证旅客接待服务个性化，提供可租用的会议接待柜台，为艺术展览提供便利。

组织大型国际体育赛事，加强体育场馆的建设和改造，培育发展本土职业体育。大巴黎计划的目标之一是将巴黎建设成体育方面世界大都市的领导者。发挥体育基础设施建设和体育活动对国际大都市建设的推动作用。提升业余、高级和专业等不同级别体育活动的水平，组织、举办大型国际体育赛事和体现大巴黎风采的体育赛事。里昂承办了 2016 年欧洲杯、2016 年国际足球联合会（FIFA）、欧洲橄榄球杯决赛等大型国际体育赛事。里昂奥林匹克公园容纳 59186 个座位，可举办奥林匹克比赛。

实施具有本地特色的旅游策略。巴黎和法兰西岛地区重点发展名胜古迹和与博物馆相关的旅游业。2018 年，巴黎和法兰西岛接待游客人数再创新高，约 5000 万人次，最受欢迎的古迹有巴黎圣母院、卢浮宫、大小皇宫、凡尔赛宫和枫丹白露宫等。里昂着力提升休闲旅游吸引力，全年举办重大国际文化体育活动。里昂充分发挥本市 500 公顷世界遗产的优势，宣传城市形象，成为美食和遗产爱好者的休闲度假胜地。灯光节接待 300 万名游客，卢米埃尔音乐节接待 160500 名观众，里昂舞蹈双年展接待 116000 名观众，里昂当代艺术双年展接待 280000 名观众，有声之夜接待 138000 名观众，富维耶山之夜有 136000 名观众。尼斯着力发展商务旅游，发展数字创新以服务旅游业。每年 400 多场全国和国际性活动接待约 200 万商务访客，占旅游业的 20%,其中约有 50 万名参会者。20 万名参会者会乘坐飞机。加快旅游业主体合作管理专业化。成立"高级活动合作伙伴"卓越俱乐部,制定极其严格的规范,汇集该领域最优秀的专业人员,包括大楼、酒店管理公司、伙食承办商、运输商或接待机构。尼斯蓝色海岸成为开发和测试旅游业所需信息技术最新服务和应用的实验室。

第三,部署区域协同发展新格局,加强智慧城市治理,提升生态宜居环境。

加快大都会建设,增强城市集聚和辐射能力,实施工业、建筑、交通等重点节能工程,打造生态宜居环境。巴黎大都会以建立公共交通网络为基础,连接区域主要经济集群,新网络站点成为支持地区发展的桥头堡。优化城市空间,实现城市生态转型,共享公共服务,以切实改善居民的生活环境,纠正领土治理不平等,建设可持续发展城市。里昂大都会重新进行城市规划,打造能源转型的可持续发展城市。将 Part-Dieu 打造成领土治理和城市创新方面的典范,Confluence 成为里昂市中心的延伸区,启动 Carré de Soie 500 公顷土地深度现代化治理欧洲计划。智能电网成为新能源经济模型。尼斯蓝色海岸大都会是生态技术领域的先驱。尼斯是欧洲首个部署移动非接触式通信技术 NFC 的城市,是法国智能电网大型试验的领先地区,是着力打造数字项目领土应用的世界领导者。未来科技园区尼斯生态谷集中了生态科技公司和研究中心,旨在将蓝色海岸打造成为生态技术和可持续发展技术研发的全球参考范本。

加强城市智慧治理。推进数字城市建设,完善数据平台,充分利用大数据、物联网等信息化技术,完善城市智慧管理服务,提升城市运行效率。加快城市建设管理、交通、环保、医疗、教育、养老、就业、社保等领域的智慧应用和示范推广,加强智能电网建设,努力建成全民共享的智慧民生服务体系。"里昂智慧大都会"战略的四大支柱分别是新型出行方式、数字服务、能源和创新环境。大里昂地区优先采用多式联运的方式，开发了共享的交通解决方案以及用于预测交通量、管理流量和优化城市物流的工具，建立大里昂数据库、大里昂智能电网，加强高潜力项目开发所需的基础设施建设和完整生态系统建设。尼斯蓝色海岸于 2016 年被美国市场调研机构 Juniper Research 评为全球十大智慧城市，在市政设施和服务、智能电网和汽车服务方面取得丰硕成果：进行非接触式通信技术 NFC 的试用，开发虚拟市政厅服务平台；建成世界上第一座智能电网引导的低焓热动力电太阳能发电厂，建成法国首批未来投资智能电网 Reflex，建成尼斯电网智能太阳能区域演示器，建成法国第一个大规模部署的汽车共享服务平台等。

第四，开展多范围的文化交流活动，实施国际宣传战略，提升城市的国际形象和知名度。

巴黎与欧盟和世界组织发展多边合作关系，提升城市软实力的国际影响力。巴黎市政府以与城市组织、城市进行合作或者参与国际行动计划的形式，积极开展优先发展领域，如城市吸引力、城市创新、城市生态、国际团结等领域的国际合作。巴黎通过不同的形式促进文化交流，充分发挥其文化之都地位在国际化中的作用。加强与欧洲的密切联系，共同致力于建设更加团结、有活力、宜居的城市。

里昂的国际参与主要有以下形式。第一，双边合作。与合作伙伴城市和其他战略目的地开展合作与实践交流；支持学者、企业家、协会、艺术家等本地参与者的国际拓展向伙伴关系城市靠拢，动员上述享有特权的关系围绕大都市的主要国际项目进行。第二，分权合作。动员里昂市及其大都市的专家，援助发展中国家的地方政府，增强地方治理能力，使尽可能多的人获得基本公共服务。第三，参与欧洲和国际事务。城市公共政策专家之间的实践交流围绕欧洲项目，实施欧洲当局的影响力战略；与国际癌症研究中心、国际刑警组织、欧洲新闻、欧洲药品管理局等国际组织合作，以寻找新机遇，扩大里昂的国际声誉；与国际基金捐助者建立伙伴关系，支持本地的国际团结主体。第四，充分利用美食和灯光等城市标志与重大活动和体育赛事的契机。第五，强化和优化 ONLYLYON 战略。通过各种载体和途径做好对外宣传，动员所有力量来提升里昂的国际声誉和竞争力，以达到吸引人才、项目和游客的目的。

第二节　发展国际化会展

法兰克福展览公司总裁兼首席执行官沃尔夫冈·马津（Wolfgang Marzin）在由上海举办的首届中国国际进口博览会上表示，中国应该进一步向世界开放中国市场，提供国际贸易平台，促进贸易自由化和经济全球化。正是由于利用中国改革的历史性机遇，法兰克福展览公司已发展成为全球最大的展览组织者之一，拥有最大的独立展览场地和最高的营业额，走在迈向国际化的道路上。中国的改革开放将推动展会业不断发展和壮大，杭州能否借鉴法兰克福展览公司的成功做法逐步实现自己的国际化呢？

在法兰克福展览公司的官方网站上，我们可以看到展览涵盖了广泛的领域，包括建筑技术、消费品、电子和自动化技术、娱乐媒体和创意产业、环保技术、食品技术、交通技术与物流、安全和消防等。当然，如果我们要使杭州走向国际化，不必从太多方面入手。确实，工业技术对杭州来说是薄弱环节。我们不妨就地取材。义乌市建立了一套完善的原料贸易体系和小型贸易基地，每年都会聚集各种不同的组织。在杭州的城市规划中，有部分关于举办展览以促进经济发展的规定，但是目前必须从国际角度展开思考。杭州无疑是中国领先的互联网技术和最大的互联网公司的汇聚地。阿里巴巴已经重新定义了移动支付。许多先进的工业化国家很少在全国范围内分发"面向世界的手机"。同时，杭州为应届大学生提供毕业补助金，这也吸引了大量年轻人前来发展。因此，杭州有能力引起世界的关注。杭州拥有平台、技术和资金，举办的一些科学技术展览会、电子展览会、数字展览会等都可以使感兴趣的外国投资者或发烧友体验科学技术为城市中每个人提供的极大舒适感；如果深入了解，还可以知道为什么中国的物流和食品外卖的交付速度如此之快。

由于法兰克福展览公司希望其品牌享誉世界，便每年在世界不同国家和地区举办展览。因此，它可以继续充当杭州国际化的跳板，同时与杭州相辅相成、相互借鉴。

第三节　积极推动与欧洲的国际化建设合作

由杭州市第十三届人民代表大会常务委员会第十一次会议审议通过，于2018 年 8 月 1 日起开始施行的《条例》，是首个以促进城市国际化为目标的地方法例。《条例》的主要目标是"发挥和增强创新活力之城、历史文化名城、生态文明之都、东方品质之城的优势，建设具有全球影响力的'互联网 +'创新创业中心、国际会议目的地城市、国际重要的旅游休闲中心、东方文化国际交流重要城市"，实现产业国际化、城市环境国际化、公共服务国际化。

　　杭州在"一带一路"经济带上地理位置优越，应主动融入长江经济带和长三角城市群发展规划，加强与国内外城市的交流；争取国家或省级有关与欧洲合作的改革试点，建立并完善适应国际化发展需要的管理体制机制；鼓励科技创新、举办会展赛事、鼓励招商引资引智、发展文化旅游、增加对城市公共交通建设和管理的投入。

　　从《条例》的产业国际化目标来看，在与欧洲国家合作的基础上，杭州可规划建设创新园区、产业园区、国际合作园区，吸引欧洲国家的资本、技术、人才资源等。同时，作为我国"互联网＋"经济模式的发源地，杭州在发展国际网络贸易中心和"网上丝绸之路"中占领着绝对的先导优势，利用互联网、大数据、云计算、人工智能等已较为成熟的技术，推动杭州金融与生态、文化、科技融合发展，服务实体经济，加强服务业领域国际合作；推动制定杭州与欧洲国家之间的区域物流合作机制，实现互联互通；协商达成杭州与欧洲国家间的商务签证等申办程序简化甚至免签。

　　从城市环境国际化目标来看，城市环境国际化会促使产业国际化。杭州是一个山水自然资源与历史文化遗存丰富的旅游城市，要保护好旅游资源，同时划分好城市景观风貌重点管控区域；建立杭州与欧洲国家重点城市的客运货运班列、航线，加强多种交通方式的联运衔接，建设起与欧洲国家的区域性国际客流、物流中心；杭州市政府应推进杭州市物联网示范城市建设，提升杭州与国际网络交换能力；在会议中心、展览馆、机场、车站、风景旅游区、博物馆、城市道路、宾馆、饭店等各种休闲娱乐场所设置双语甚至多语（如俄语、法语、西班牙语）的标识。

　　从公共服务国际化目标来看，杭州市人民政府应当建设全市统一的涉外咨询和服务平台；公共信用信息管理部门应当加强与欧洲国家信用管理机构的合作，推动市内服务企业参与国际信用体系建设；建立欧洲国家人才引进制度，为他们在居住、医疗、教育等方面提供便利，鼓励和支持建设欧洲国家人才创新创业园；建立欧洲专家人才库，完善工作机制；鼓励开展杭州市人才到欧洲国家的培训、国际交流活动；鼓励和支持开展与欧洲国家的教育交流与合作，吸引欧洲国家学生来杭州学习、实习；公安、人力资源和社会保障等部门优化欧洲国家籍人员居留、工作许可流程；加强公共法律服务体系建设，完善法律服务，为欧洲国家籍人员在杭国际组织、企业工作等提供法律服务。

《条例》的 3 个国际化目标是相辅相成、协调发展的。只有对"国际化"的本质内涵与城市自身状况进行全面深入的把握和准确理性的判断，才能稳健推动杭州国际化进程。

第 十 一 章
打造文化旅游的国际化

第一节　借鉴尼斯旅游业经验

2017 年，杭州成为中国首个实施全域旅游战略的城市，也是中国体验式旅游的代表性城市。近 5 年，杭州成为《纽约时报》、ravel + Leisure、Lonely Planet 所评选的年度旅游榜单上的"常客"，这预示了杭州市开展国际化旅游的大好前景。但是，人才与创新两大问题始终是杭州旅游"走出去"的软肋。作为杭州市 20 多年来的友好城市、世界闻名的旅游胜地，法国尼斯市在这方面具有充足的成功经验，杭州相关部门、企业可以适当进行学习借鉴，做出有效的革新与发展。

尼斯是一个以旅游为重心的城市。它接待来自全世界的游客，并拥有所有必要的设施来取得进一步发展。尼斯是法国——这一世界第一旅游大国继巴黎之后的头号旅游目的地；每年约有 500 万游客，占法国蓝色海岸旅游客流的 40%，产生价值 15 亿欧元的经济效益；尼斯旅游业已有 200 年发展历史，现已进入高度发达成熟的阶段。

尼斯旅游业国际化水平高有着多方面的原因。一是因地制宜设计旅游景点。尼斯沿着海边修建海滨长廊的计划可以追溯到 19 世纪初。它是由英国贵族发起的，他们之前已经拥有在尼斯度假的习惯，并迅速得到当地政府的支持，逐渐将最初的建议变成了法国蓝色海岸最典范的长廊之一。目前，无论作为基础设施还是旅游资源，这条著名的长廊都是尼斯的地标。它对城市商业和旅游平台的重要性，从其结构和使用上就能体现出来。长廊也是举办各种顶级活动，如备受欢迎的 Prom Classic 和尼斯狂欢节的平台。这只是当地诸多富有特色的节日中的两个亮点节日。

二是开放的对外政策与对外来人才的积极吸收。自 18 世纪以来，尼斯一直向周边地区乃至整个世界张开怀抱，迎接各地人民前来定居。世界主义的盛行使得该城具备极其丰富的文化多元性、历史文化底蕴和经济活力，也使得尼斯成了一座名副其实的"世界都会"。

来到尼斯的新居民不乏杰出人才，比如发现氢气的亨利·卡文迪许爵士；众多著名画家慕名而来，如马克·夏加尔、亨利·马蒂斯、尼基·德·圣法勒和阿尔曼；也有作家，如弗里德里希·尼采在此连续度过了 6 个冬天，并写下《查拉图斯特拉如是说》，安东·契科夫在此居住时完成了他的戏剧《三姐妹》的写作。尼斯的建筑同样或多或少地受到了这些世界来客的润色。

三是积极承办重要国际会议。尼斯是法国仅次于巴黎的主要国际会议城市。长年以来，通过举办各类大型国际会议，尼斯累积了丰富的国际活动承办与招待的经验。2000 年欧盟会议的最终结果——《尼斯条约》于 2001 年 2 月 26 日由欧盟领导人在此签署。2016 年欧洲新闻媒体会议、国际天文学联合会专题讨论会，以及 2020 年 10 月的第 5 届国际生物灵感暨第 2 届国际光学 N.I.C.E. 会议，都是尼斯在不同学术领域举办国际会议的尝试。

四是拥有完善的第三产业服务设施。尼斯是全法博物馆数量第二多的城市，拥有最多的游泳池和体育场馆；也是全法酒店房间数量最多、质量最好的城市之一，仅次于巴黎，占法国蓝色海岸住宿的三分之一，其容量惊人，有近 200 家酒店、10000 个房间（见表 11-1）。

表 11-1　2020 年尼斯酒店与客房数量

数量	尼斯	全法平均 / %
酒店数量 / 家	160	0.5
客房数量 / 家	9390	18.8

五是具备便捷完善的海陆空交通网络。尼斯机场坐落于"英国人步行街"旁，是法国第二大国际机场，仅次于巴黎机场。2019 年机场旅客量近 1450 万人次，旅客来自 40 个国家的 114 个出发地。10 年以来，尼斯机场的客流量有增无减。

截至 2020 年 5 月，尼斯电车共有 3 条运营中的线路，已大致形成"H"字形的路网，其中横穿尼斯市中心的有轨电车 2 号线在老城段采用地下敷设的方式，有效减轻了地面交通的压力。之所以选择这条线路，是因为在距离该线路不到 500 米的半径范围内，服务人口和工作岗位密集，有超过 12.65 万人（占尼斯人口的近 37%）和 4.2 万个工作岗位。

尼斯拥有法国顶级邮轮港口之一。尼斯滨海自由城每年接待 487440 名乘客，有 300 多艘船停泊在此。

六是创新发展公众性节日活动。尼斯狂欢节是法国最大的狂欢节，也是除里约热内卢、新奥尔良和威尼斯狂欢节之外世界上最受欢迎的狂欢活动。庆祝活动长达 14 天，包括日间和夜间游行，以及花车巡游。尼斯狂欢节始于 1873 年的城市庆典，现在每年 2 月举行。这是法国蓝色海岸最流行的活动之一，每年都会吸引数十万观众。2019 年 2 月 16 日—3 月 2 日，马塞纳和阿尔伯特 1 号花园周围举行了不少于 11 场官方活动。

对标尼斯的国际化建设，杭州在建设国际化都市的过程中可采取以下一些措施。

一是发扬 G20 精神，积极承办国际会议。5 年前成功举办的 G20 峰会给杭州带来的经济红利仍在继续。作为承办国际会议数量达到全国第三位的城市，杭州更应再接再厉。可以学习尼斯承办多样化、多领域国际会议的经验，突破陈规，积极引进覆盖天文、医药、教育、法律、艺术、国防安全等各种领域的学术会议，不断提高国际知名度和影响力。

二是因地制宜发展旅游项目，打造杭州特色景观。地标性建筑对所在地旅游业的推动效果是无比显著的——正如"英国人步行街"之于尼斯。杭州不应拘泥于千篇一律的旅游项目和景点，也不能满足于单纯数量上的优势，还应根据其依江而建、傍山而筑的城市布局，打造醒目、典范、实用的标志性景观，在钱塘江大潮、西湖十景的基础上，充分发挥历史底蕴，树立一个"一提到杭州就立刻浮现在脑海中"的顶尖景点。

三是继续加大对外开放力度，吸引外来人才。尼斯作为世界都会，具有极高的包容性和开放程度。杭州应在立足中国实际、继承传统的同时不忘面向世界，利用东南门户的地理优势进一步打开对外窗口，赢得国际优秀人才的青睐。同时，还应通过宣传自身经济潜力，广泛吸引国内各地人才来杭，为下一代杭州人的精彩打下基础。

四是优先完善城市交通系统和服务业设施。杭州作为长三角副中心城市，在陆上交通尤其是市区交通的发展进程上，仍旧落后于上海与南京。应当努力克服地形障碍，改善公交、出租车等旅客出行方式的乘坐体验，大力推动机场、港口基础设施的换代升级，严格把控火车站、机场等关卡的治安环境，同时加快地铁线路的建设，给交通口碑的不断提升、旅游业的蓬勃发展提供更好的保障。

五是推动大型节日活动创造性转化、创新式发展，努力吸取尼斯狂欢节所体现出来的既立足传统，又能贴合经济全球化时代旅游发展现实需求的成功经验。杭州承载着江南文化的历史记忆，有条件对公众节日进行创新发展，应扩大节日活动的受众，拓宽并创新与节日相关的产业链，提高活动的官方参与度和游客欢迎度，从而改变春节、元宵等大多数节日活动走向平淡、衰落，缺乏收益的现状。

最后，作为杭州远在西半球的"姊妹"，尼斯在旅游业国际化方面达成的瞩目成就是杭州市千载难逢的学习机遇，甚至是未来的竞争目标。杭州在国际化道路上已经做出了十足的努力，凭借着推陈出新的创新精神和稳定繁荣的新时代气象，杭州必然会从他国的发展道路上得到更多符合自身价值与意义的重大收获。

第二节　借鉴里斯本旅游业经验

西湖是杭州的名片，而旅游业也一直是杭州的支柱产业之一，即使在杭州已经成为"互联网第一城"的今天，旅游业对杭州的重要性仍然是无法替代的。2017 年 12 月 17 日，世界旅游联盟（WTA）在北京与浙江省政府签订战略合作文件，标志着世界旅游联盟总部正式落户杭州萧山湘湖。这是杭州旅游业的一个重要里程碑，证明了杭州在全国乃至全世界旅游业的版图中占据重要地位。

旅游业对于推动杭州成为国际化大都市的重要性不言而喻。参考欧洲旅游业发展最为迅速的城市之一——葡萄牙首都里斯本的成功经验，杭州的旅游行业可以采取相应的措施，进行适当的改变，以提高国际化水平。

近年来，里斯本地区的旅游业表现非常出色。在过去的几年中，葡萄牙旅游业在欧洲范围内显示出可观的增长水平，而里斯本则是葡萄牙旅游需求增长的主要驱动力。里斯本目前是葡萄牙全国范围内游客人数最多的旅游目的地，2018 年的游客数量占全葡萄牙的 30%，并且其住宿量占全葡萄牙的 26%，这一占比已接近葡萄牙南部以"阳光沙滩"闻名于世的旅游重点区域——阿尔加维（住宿量占全葡萄牙的 31%）。如果与其他欧洲城市旅游目的地相比，里斯本旅游业的增长则更为明显，2018 年里斯本的国际游客数量增速高达 10.9%（阿姆斯特丹为 10%，马德里为 7.2%）。

里斯本正在加速吸引新游客（首次来到里斯本的游客），而每位游客的平均支出也有显著增长。旅游业的显著增长使其成为里斯本地区经济的决定性贡献者，2017 年占里斯本地区国内生产总值的 13.8%。

总体而言，里斯本旅游需求的增长主要依靠民宿数量的大幅增长来支撑，2014 年里斯本的民宿只承担了游客总住宿量的 19%，而 2018 年这一比例增长到 64%。民宿数量的增长主要集中在里斯本市区范围内，特别是在其中心城区，即历史文化中心。里斯本酒店集中区的收益也显著提高，每间可用客房收入（RevPAR）2018 年达到 83 欧元，比 2014 年（47 欧元）增长 78%；入住率也明显提高，2018 年达到 63%，比 2014 年（56%）增长 7%。

在来到葡萄牙的所有游客中，欧洲游客占比最高，为 81%，其次分别为南美洲游客（6.8%）、北美洲游客（6.3%）、亚洲游客（3.8%）、非洲游客（1.2%）和大洋洲游客（0.8%），其中北美洲和南美洲游客的增速最快。在来到里斯本的所有游客中，得益于新航班线路的开通，非欧洲国家的游客增长非常迅速，如 2018 年中国游客和加拿大游客的数量首次排入前 10 名。主要游客来源国的变化间接导致来到里斯本的每位游客的平均支出有所增加。

里斯本旅游需求的增长使得旅游业的季节性变化减弱，这反映了气候及季节性较弱的旅游项目的吸引力。对减弱旅游业季节变化有帮助的旅游项目包括：组织全年不间断的活动、在传统旅游淡季组织大型体育或文化活动、开展高尔夫等季节性较弱的旅游项目。

来到里斯本的游客对旅游过程方方面面的满意度显著提高，2013 年游客满意度仅为 40%，而 2018 年达到了 71%。城市游 / 短暂休息一直是里斯本旅游需求的主要驱动力，高尔夫则是增长最快的旅游项目。游客来到里斯本时可以选择的活动多种多样，这是里斯本具有巨大竞争优势的重要因素。

"朋友团体"是里斯本地区最主要的游客类型，其年龄跨度也最大。2018 年，"朋友团体"在所有游客中的占比高达 30.1%，其次为"家庭"（占 22.7%）、"夫妻"（占 22.5%）、"个人"（占 16.4%）、"同事结伴"（占 6.3%）、"旅游团队"（占 2%）。

里斯本的城市知名度不断提高，反映在以下几方面：多次获得世界旅游联盟等国际组织颁发的奖项，如 2018 年葡萄牙共获奖 35 项，其中里斯本获 6 项；许多名人选择在里斯本长期居住，包括麦当娜、莫妮卡·贝鲁奇、坎通纳、鲁布托（高跟鞋设计师）、迈克尔·法斯宾德等。

里斯本近年来较高的知名度和曝光率不但会持续反哺旅游需求，而且也反映出里斯本城市推广策略的成功。具体策略包括举办 2019 年世界旅游市场展会，葡萄牙航空公司（TAP）在机身上喷绘与里斯本相关的图案，与里斯本相关的文章多次出现在国际知名杂志上，等等。

里斯本的旅游国际化做法给了我们不少启示，杭州旅游行业可采取以下一些举措。

一是积极开辟新的跨国航线，以刺激国外游客来杭旅游需求的增长。新航线的选择应主要考虑对象国和目的地城市的经济发展水平、居民旅游习惯等因素。建议优先选择具备以下特点（多项或一项）的目的地城市。

（1）经济较为发达，人均消费水平较高。

（2）和杭州一样具备丰富的旅游资源，这样杭州本地居民也会飞赴该目的地旅游，同时进一步宣传杭州，便于两个城市实现双赢（2010年5月开通的杭州—荷兰阿姆斯特丹航线不但实现了杭州直飞欧洲，也大大提升了杭州在欧洲的知名度，这一成功案例可以被复制）。

（3）与上海还未实现直飞，便于引流乘客（杭州—里斯本航线符合这点，里斯本和上海之间至今没有直航，这样江浙沪籍的在葡华人都会来到杭州搭乘此航班，间接促进旅游）。

此外，可借鉴葡萄牙航空公司的做法，推动航空公司在跨国航班机身上喷绘与杭州有关的图案，以吸引眼球，提高杭州的国际知名度。

二是继续大力发展杭州的民宿行业，提高旅游需求的消化能力。近些年来，杭州的民宿行业已经得到了长足的发展，除了民宿数量的增加之外，更有质量的提高和管理的规范，并且出现了"如程"等发展前景良好的民宿网络平台。

继续规范目前大杭州范围内所有民宿的管理工作，提高服务质量，消除安全隐患。鼓励各民宿与宾客（Booking）、爱彼迎（Airbnb）等国外主流旅游平台对接，以吸引更多国外游客来杭旅游。扶持如携程或类似的杭州本土旅游平台。鼓励杭州的普通市民成为爱彼迎（Airbnb）房东，提高旅游需求的消化能力。

三是采取多种措施弱化杭州旅游业的季节性变化，减少空房率。杭州的旅游业虽然发达，但是季节性变化仍然是比较明显的，春秋是杭州传统的旅游旺季，夏季虽然天气炎热，但是有暑假亲子游的支撑，游客数量也比较多，而冬季仍是明显的淡季。应重视弱化季节性变化，组织全年不间断的活动。在传统旅游淡季（冬季）组织大型室内体育或文化活动，或者发展季节性较弱的特色旅游项目。

四是在各类国际平台上积极宣传杭州，不断推广杭州的城市品牌。以旅游营销国际化推进杭州的城市形象国际化。建议积极参加重要的国际旅游会展，鼓励旅行社在重点境外市场设立营销机构，构建杭州旅游的全球营销网络；要加大杭州形象宣传力度，借助国际主流媒体（包括 Instagram 等国外影响力较大的社交媒体）宣传推广杭州城市品牌，建设杭州旅游的多语种门户网站，将西湖、西溪湿地、大运河、良渚文化遗址等重点旅游景区纳入国际旅游指南，提升杭州在国际上的知名度和美誉度。

杭州想要真正成为一个国际化大都市，非常重要的一点就是保持学习精神和学习能力，坚持借鉴国内外其他城市的国际化发展经验，同时也要充分发挥和利用杭州本身的优势，这样才能在国际化的过程中不失中国特色，并且在国际竞争的道路上得到长久稳定的发展。

第三节　改革杭州电影产业

电影节是一项能够推动电影艺术发展、为发展电影贸易提供平台的重要艺术活动。而国际电影节则更具有专业性和国际性。艺术活动是综合性的文化活动，其国际化在一定程度上能够体现一个城市的国际化。电影节的一个重要作用就是能够促进国际电影文化的交流，对城市国际化发展大有裨益。创立于 1951 年的柏林国际电影节是当今世界具有影响力、顶尖的国际电影节之一。但是杭州想要创立一个国际电影节，或许会是一个漫长的过程，不过基于柏林国际电影节的成功经验，杭州可以在电影产业方面做出改变，以电影为媒介，提高自身文化软实力，提升自身城市国际化水平。

第二次世界大战结束后，在战争的摧残下，德国大多数城市废墟一片，柏林的建筑物倒塌了一大半，德国人的娱乐活动更是匮乏，再加上当时西德要向东德鼓吹西方文明制度，柏林国际电影节由此诞生了。它成立起初，可以说是冷战的产物，但在以后的10年内，电影节在柏林人民的文化生活中扮演了重要的角色。

每年的电影节都能吸引大量的观众和电影制作人。柏林电影节有来自76个国家或地区的15000名专业观众，早在1959年，就有53个国家的电影参加了该电影节。

从艺术和电影经济的角度来看，它是规模最大、最负盛名的媒体和行业盛会之一，使许多电影人获得成功。从城市发展的角度来看，它提高了柏林这座城市的国际认知度，同时为其带来了不小的经济效益。来自世界各地的观众为求一票纷纷来到柏林，附近的商场、高档餐厅及小吃店总是门庭若市，所以电影节可以说是推动柏林零售、酒店、运输、餐饮、购物等行业经济发展的一大动力。

柏林国际电影节成功的原因是多方面的。一是地理位置优越。柏林电影节举办地位于德国首都柏林，相较于另外两大国际电影节——戛纳国际电影节、威尼斯国际电影节，柏林的交通更加发达、便利。戛纳国际电影节在每年的5月中旬于法国南部的一个市镇举办，而这个时间段正好撞上戛纳的旅游季，交通没有柏林便利，价格也昂贵得多。柏林国际电影节虽然在每年的2月—3月举办，天气较冷，但是鉴于其优越的地理位置，就算是当地的学生，也可以通过地铁轻松到达举办场地。

二是政府对电影产业的支持。德国用于电影资助的款项达到上万亿欧元，设在柏林的电影促进署（FFA）是最重要的国家资助机构，其每年为德国电影产业提供 3000 万欧元左右的资助。电影院、视频行业和电视等的预算由其所谓的电影征费来支付。此外，电影促进署还为由联邦政府文化和媒体事务专员（BKM）资助的电影项目提供行政支持。

相关法律法规对一个国家或地区电影产业的发展至关重要。德国的《德国电影促进法》《德国电影资助法》等支持国际性的电影合作，支持电影多元化创作，还支持性别平等，加大对女性电影人的资助力度。

三是柏林国际电影节的宽容度和开放度大。柏林国际电影节没有地域限制，来自世界各地的电影人都有入围的机会。它不关注电影的票房，而是关注电影所反映的社会问题，更注重电影所要表达的内涵与创意。柏林国际电影节还反对性别歧视。

借鉴柏林国际电影节的相关经验，杭州可以采取以下措施。

一是鼓励杭州影业公司进军国际市场。杭州有能力的影业公司要注重对国外电影企业的投资和并购。以阿里影业为例，荣获奥斯卡奖项的《绿皮书》就是由阿里影业联合出品的。《绿皮书》获奖后被阿里影业第一时间引入中国电影市场，可见其想走的国际化道路是让自身成为一个桥梁，连接中外电影市场。除此之外，阿里影业还与好莱坞影视公司达成战略合作，共同制作全球化影片。杭州的电影产业若是能够在国际上有所作为，一定能够吸引大量的电影制作人及慕名而来的旅客。此举不仅能够提高杭州的国际认知度，也能为其带来不小的经济效益，拉动杭州及周边地区内需。

二是成立电影基金会。柏林国际电影节与德国联邦文化基金会联合发起了一项倡议——成立世界电影基金会。该基金会致力于在电影基础设施薄弱的地区发展和支持电影，重点支持拉丁美洲、非洲、中东、中亚、东南亚等地区和国家，同时促进德国电影院的文化多样性。杭州的电影公司也可以联合成立一个电影基金会，杭州政府也参与其中，为那些电影基础设施薄弱的国家和地区提供资金资助，以公益的方式让杭州的城市魅力散发到更远的地方。

三是平衡电影的商业属性与文艺属性。电影主要可以分成两大类：商业片和文艺片。商业片比较适合大众，文艺片比较小众，而一些电影一味迎合大众的口味，完全失去了电影本身该有的内涵与价值，十分脱离现实，导致票房不容乐观，这些只能称得上是"爆米花电影"。相比之下，一些文艺片反而收到了观众一致的好评，因为这些电影在反映社会现实的同时，也引发观众思考。再如柏林国际电影节的商业片很少，大多为文艺片，尽管如此，它还是拥有世界上观众数最多的电影节。虽然商业片的确更易于观众的理解与接受，但是也不能忽略喜欢文艺片的这部分观众，甚至这些观众还能成为贡献票房的主力军。因此，能够兼顾商业与文艺属性，将这两点完美结合的电影，才是一部真正成功的电影。

第 十 二 章
推进杭州教育的国际化

第一节 借鉴柏林教育国际化经验

国际化是世界发展的必然趋势，尤其是在文化教育方面，更需要引起重视。德国是目前世界上最受留学生欢迎的国家之一，受欢迎程度仅次于美国和英国。除去低廉的学费之外，德国的教育质量也是国际所认可的。柏林作为德国的首都和最大的城市，拥有较多世界著名的大学，如柏林洪堡大学、柏林自由大学、柏林工业大学等，它在教育国际化发展上的努力和成就是有目共睹的。杭州一直以来十分重视教育的发展，但相对于北京、上海，其教育国际化水平还有待提高。因此基于柏林在国际化办学上的成功实践，杭州可以借鉴相应的措施，促进教育国际化。

柏林的大学在国际化方面是处于领先地位的，报告《科学向世界开放2019》和德国学术交流处（DAAD）当前的资助排名证明了这一点。在2018年报告期内，柏林以17%的良好比例成为德国国际学生比例最高的城市。

柏林的大学也位居 DAAD 资助榜首。2018 年，它们共获得了 3800 万欧元的交流赠款和国际合作资金。在 DAAD 的资助排名中，柏林自由大学仍然是各大学类别中的领先者（950 万欧元），其次是柏林工业大学（840 万欧元）、柏林洪堡大学（790 万欧元）。

柏林教育能够走上国际化道路，与其在高等教育国际化方面的政策和实践是密切相关的。

一是政府大力的支持与资助。柏林政府支持与国际大学和国际项目的研究和合作，比如著名的 Erasmus 项目中，有许多项目是柏林高校参与联办的。

柏林开展教育活动所产生的经费可以向有关部门如德国学术交流中心申请资助。另外，柏林还对留学生们实行优惠的留学政策，不仅学费低廉，可以缓解部分学生的学业压力，同时还设立合理的奖学金制度，为学生创造学习的条件。

二是具有先进的教育模式，鼓励教育网络化和开放化。柏林市长兼科学研究参议员迈克尔·米勒解释说："柏林是一个世界汇聚的地方。我们的大学主张自由和开放，它是无国界的，并且致力于与各大洲的合作机构进行交流与合作。这也得益于强大的国际网络，柏林是当今成功的创新城市之一，我们整个城市都将从中受益。"可见网络信息技术的发展也带动了教育业的发展，柏林抓住了这一时机，使其教育成功走上国际化的道路。同时，一些大学还会定期向公众开放图书馆和实验室等，经常会举办一些丰富多彩的讲座活动，吸引大量的外校人员前来参观交流。

高校专业注重国际化与多样化。英语授课专业和英德双授专业增多，是教育国际化最鲜明的表现之一，因为追赶国际化最重要的目的就是提高国家整体经济实力，强化国际沟通交流能力。例如勃兰登堡州的教育国际化就做得很好。2017 年，几乎所有职业学生（95.1%）都接受了外语教学。

柏林的大学设置的专业十分丰富，比如设置法学、经济学、新闻、机械等就学前景好的专业，还有许多在全世界排名靠前的专业。以著名的柏林自由大学为例，该校有 13 个学科位列世界百强，其人文社科研究实力雄厚，其中政治学与国际研究（世界第 18 位）及英语语言文学（进入世界百强），在体现该校国际化水平方面非常值得一提。

想要去德国留学并不简单，除了语言这一块之外，还需要通过各项考试，比如德福考试需要达到 16 分以上（满分 20 分），并且必须通过 APS 审核。通过考试控制学生的数量与质量，为柏林的国际化教育夯实了质量基础。

三是推动教育平等化。不少幼儿园都增加了移民背景的儿童的参与，在教员的选择上更是克服性别陈规定型观念，减少性别不平等，还设立相应法律法规，保护教育者和接受教育者的权利。这样不仅提供适当的就业机会，解决了不少失业问题，也在一定程度上带动了德国经济发展。

基于柏林教育的国际化发展，杭州可采取如下的措施。

一是改革传统的高等教育模式，推动国际课程的开设。杭州各高校可以增加英语授课课程，提高学生的国际沟通交流能力，这样能够使其更好地顺应全球竞争的环境。同时，设置接轨国际的课程，培养具有国际先进水平的专业技术人才，使其为杭州城市国际化发展做出贡献。

教学强调理论和实践相结合。理论是实践的前提，而实践则是检验理论是否正确的唯一标准，两者缺一不可，在教育中更要将两者完美结合。学校在教授学生理论知识的同时，也要扩大与国际大学和国际项目的研究和合作，为在校学生提供更多国际层面的交流与实践的机会，让学生近距离体会国际间的文化异同，及时将所学的知识运用到实际当中。

二是利用杭州发达的互联网优势，推动学校国际交流的网络化与信息化。利用科技手段来推动教学的信息化与现代化，为教学创造更多的可能性，并且提高教学的有效性。此外，网络凭借其快速便捷的特点可以在一定程度上减少国际间的交流障碍，并且能够及时分享教育科研成果，更有利于校内外和国内外得到相互的沟通与交流。

三是加强建设具有国际特色的院校。杭州的一些学校本身就具有国际特色，比如杭州的外语类院校，其在国际化方面已经有较为完善的系统，也有较为丰富的经验，杭州政府可以加大对此类学校的投入建设，扩大其国际化的规模。

四是完善留学管理体制。留学生是高等教育的一个重要组成部分，也是教育国际化的一个重要体现，来杭留学的留学生规模越来越大，这就需要对留学管理体制进行完善。在原有基础上，可以为留学生提供相应的留学服务，如减少学费、设立奖学金等，缓解留学生的经济压力，同时要缩小招生规模，加大资源投入，这样才能保证教学质量，吸引更多的国际人才。

第二节　法国吸引国际学生的策略

2018 年 11 月 19 日，在巴黎举行的法语国家大学会议上，法国时任总理菲利普提出了吸引留学生的战略。他强调政府的目标是增加在法国的外国学生数量，提高法国高等教育在国外的形象。菲利普表示，到 2025 年，国际流动学生的数量将翻一番，从 460 多万名增加到 900 多万名，特别是为大量发展中国家的年轻人提供接受高等教育的机会。这不仅对人类来说是一个黄金时代，对法国来说也是一个非常难得的机遇。法国凭借优秀的高等教育网络及其提供的各种课程，在法语国家网络中备受需求和追捧。法国是全球第四大学生流动国家，也是最受欢迎的非英语国家留学目的地。

为进一步增加法国海外学生的数量，政府根据一系列主题制定了"选择法国"战略，解决新移民所面临的日常生活问题。

第一，改善接待条件。简化签证申请所需的文件清单，进一步发展数字化，以改善签证发放的程序，这将减少前往领事馆或外包签证中心的需求。此外，从 2019 年 3 月起，持有相当于硕士学位的法国高等教育学历并已回国的学生将有权获得居留许可，被允许返回法国进行创业或就业。此外，推广已经在一些学校试行的欢迎学生入学的有效措施。例如，在机场为学生提供指导，或在大学设立专门的欢迎台或欢迎日。

第二，提供学费或奖学金资助。居住在欧洲经济区以外的外国学生将获得三分之二的学费资助。他们将支付约占实际教育费用三分之一的学费。这些费用仍将远远低于邻国荷兰收取的 8000—13000 欧元，或英国和大多数欧洲国家的数万英镑，更不用说北美的费用需求了。可获得的奖学金数量将增加三倍，并为有需要的人提供更多的费用减免。

"选择法国"战略自 2018 年开始引入。项目具体由"法国校园"实施，即那些对国际学生的欢迎体验成功做出切实改善的机构。从 2019 学年开始，投入价值 1000 万欧元的启动基金，用于支持参与活动的大学开展切实举措。此外，还提供 500 万欧元的启动基金，用于支持法国和外国院校之间建立新的合作举措，旨在让有兴趣提升国际形象的机构采取探索性措施。法国发展署（AFD）接手该事宜，每年提供 2000 万欧元支持该项目的实施。

参与活动的机构必须保证实现以下关键承诺。

第一，为讲英语的人设立一站式的"前台"或欢迎台，该欢迎台将与当地县级单位挂钩。

第二，每位学生一到法国，就会得到一位顾问的支持。

第三，改善住宿条件。在 Lokaviz 网络平台上全面提供英语信息，列出大学宿舍的空缺床位，并提供私人住房。此外，还将推出其他举措，例如 2020 年在巴黎国际大学城（巴黎国际大学校园）设立法语学生宿舍，为非洲学生提供 150 个名额，名额根据他们的学习成绩确定。

第四，提供一系列将法语作为外语的课程。此类课程需求量很大，考虑推出一种为非法语学生提供将法语作为外语的课程的途径。此外，还为所有作为课程一部分的法语贴上外语课程标签，以保证其质量。

第五，提供用英语授课的一系列课程。这对于吸纳更多非法语国家的学生并与他们分享法国的价值观来说是必要的。法语学习与英语课程同时进行，这将有助于促进法语国家的发展。菲利普表示，法语国家不再仅仅是一种历史资产，它为法国和所有以法语为共同语言的国家提供了机会。法语不仅是一种交流和创造的语言，还是一种教育的语言，使一代代学生能够超越自己国家的边界，实现自己的梦想。

为增强法国的吸引力，除了经济和金融措施外，政府和法兰西岛大区启动一项旨在加强巴黎地区的国际教育供给的计划。法兰西岛大区总理和主席决定将所有建议纳入 2018 年 1 月 22 日提交的报告中，以发展语言教学，满足希望在法国定居的家庭的期望。这些措施从 2018 学年开始生效。

第一，增加国际教育的名额。从 2018 学年开始，国际教育在中小学和六年级学院，包括公立和私立学校中的可用名额达到 1000 个。这一规定以法兰西岛地区现有的国际中心和下一学年开始在库布瓦开设的国际中学为基础。在 2021 学年开始前，新建 3 所国际中学。投资将专门用于教师培训和招聘母语为法语的学生。

第二，为在法国定居的家庭提供个性化的欢迎服务。为此，他们将有机会获得一个单独的电话号码、一本互动指南、一本介绍总体教育规定的图册。

第三，基于现有教学加强国际教育的供给。试行双语教学，从幼儿园到六年级学院，每种语言的教学时间相同；招聘母语为法语的教师。

第四，制定一项"国际学校"认证政策，以提高法兰西岛地区学校和教育机构的知名度和国际开放度。报告强调，作为承认语言能力水平的工具，第二周期（完成高中）结束时的语言认证应作为国际教育机构课程的标准，利用目标国的官方机构以确保其在国际上的合法性。

第三节　借鉴巴黎教育国际化经验

巴黎教育国际化有着深厚的历史底蕴。进入 21 世纪以后，巴黎依然走在法国教育国际化的前列。从 2018 年开始，法国开始有计划地进行教育国际化，实施对国际留学生的吸引举措，增强法兰西岛（巴黎地区）的教育吸引力。法国是全球最受欢迎的非英语国家留学目的地，但巴黎没有将对法语的要求作为国际学生的限定条件，而是大量招收非法语国家的学生。政府通过财政扶持及政策扶植为教育的国际化铺平了道路。

第一，制定专门战略，为留学生提供便利。法国政府专门制定了"选择法国"战略，为留学生提供了优良条件以吸引其留在法国：在整个学习过程中提供支持，留学生从入学开始到毕业都能获得相应的帮助；为居住在欧洲经济区以外的外国学生提供三分之二的学费资助，而且这些学生自费部分的费用仍远低于大多数西欧国家所需的费用；政府为学校提供的奖学金数量将增加三倍，并为有需要的学生提供更多的费用减免。

第二，联合学校或研究机构，保证战略落地。参与该战略的学校或研究机构需要保证相关举措的实施：为说英语的学生设立"一站式"前台，并与当地政府单位挂钩，为每个到法的学生提供一位顾问；改善住宿条件，为有需要的学生提供英语住宿信息，建设新校舍；为保证学生能融入生活，提供一系列对外法语课程，及时评估以保证教学质量；为吸纳更多非法语国家的学生，提供一系列用英语授课的课程。

第三，提升国际教育容量和水平。2018年开始将国际教育的名额增加至1000个，其中包括公立或私立中小学和六年级学院，均以法兰西岛现有的国际中心和在库布瓦开设的国际中学为基础。在2021年前，政府新建3所国际中学，用于教师培训及接收以法语为母语的学生。为让在法国定居的家庭更容易获得教育资源，政府专门为在法国定居的家庭提供个性化的欢迎服务，国际教育也将试行双语教学，跨度从幼儿园到小学六年级再到大学。每种语言的教学时间都是相同的，进行双语教学的教师以法语为母语，方便学生和家庭更好地融入法国社会。政府制定了针对教育机构及学校的"国际学校"认证政策，以提高整个法兰西岛地区学校和教育机构的知名度和国际开放度。作为承认语言能力水平的工具，第二周期教育（高中完成）结束时的语言认证应作为国际教育课程机构的教学标准，为确保该标准的合法性，政府会与目标国的官方机构进行合作，以确保教育机构的教学成果在国际上的合法性。

虽然杭州的行政级别不如巴黎，但作为浙江省会城市，位于长三角核心地区，杭州依然具有一定竞争力。杭州的教育硬实力虽不能比肩邻近的上海，但可以想办法实现"弯道超车"。

首先，提升杭州教育的国际影响力。国内大学阶段前的汉语国际课程开展有限，参考巴黎接收以法语为母语的学生，杭州可以通过开设国际高中招收东南亚地区的华侨子女，扩大在东南亚地区的影响力。鼓励杭州市内的高校与国外的大学/研究机构展开合作，定期进行教学或科研交流，扩大杭州大学教育的国际影响力。

其次，为国际学生提供优惠政策。为了留住国际学生，可实施个人经济优惠政策，为留在杭州就读的国际留学生进行学费资助，或者进行其他形式的补贴，用经济优势吸引国际留学生的眼球。此外，可以对在国际高中就读的学生的大学招收增加优惠条件，如调整考试政策和招收门槛等，吸引他们留在国内就读大学，增加杭州教育的国际影响力。

最后，在教学方面，杭州的院校可考虑双语教学，为非中文语言类的国际学生提供更便捷的受教育平台。杭州还可充分发挥人文历史和自然风光的优势，吸引越来越多对中国传统文化、历史及自然风景感兴趣的外国学生。

第四节 参考俄罗斯高等教育国际化经验

当今世界的高等教育正在经历新一轮大发展、大变革、大调整。从高等教育的整体国际格局、国际教育话语体系和优质教育资源分配体系来看，在亚太地区，欧美和亚洲主要发达国家形成的垄断传统相对有所加强。依托雄厚的经济基础和强大的语言文化地位，经过长期发展，欧美等高等教育核心力量已稳居全球教育产业化价值链顶端，且有进一步加强的趋势。在 20 世纪的教育资源供应链中，欧美高等教育的主力军一直处于供应链的较高位置，属于供给侧；而以中国为代表的大多数发展中国家长期以来一直处于供应链下游，属于需求侧。

尽管近年来，从留学生人数、现有高校中外合作、国际教育人文交流等方面来看，我国高等教育国际化水平整体上有很大提升。但是，从更深层次的国际化来看，与传统教育大国相比，来华留学生比例偏低，外语课程单调，高素质外教比例偏低，大学能力尚有不足。国际服务支撑普遍薄弱，国际科技联合创新水平低，高等教育国际规则发展和话语影响力明显不足，多种问题在客观上仍然存在。因此，我国高等教育国际化也需要随国力提升顺势而为，分析形势，直面现有困难。

当前，我国高等教育国际化模式初步形成，符合国家提质增效、内涵发展、服务文化交流和"一带一路"建设战略。但中国教育国际交流协会2017—2019年发布的《中国高等教育国际化发展状况调查报告》显示，在国际化战略、组织与管理、师资、学生、学科与课程、海外教育、学历教育与合作、人文交流和特色发展等方面，我国高等教育国际化水平不高，例如存在具体落实国际战略规划和实施方案力度尚需加强，不同类型大学国际化发展水平差异较大，高素质人才海外引进比重较小，高校的国际影响力有待提高，高等教育体系建设"一带一路"效率低等问题。这一方面反映了我国高等教育国际化的迫切需要，另一方面也表明，高等教育国际化是一个长期的发展过程，不是一蹴而就的，我们必须对此有深刻和清醒的认识。

当前，"一带一路"倡议、世界一流大学和一流专业国家战略的提出，为我国高等教育国际化明确了使命和任务，指明了前进的方向。我们只有抓住历史机遇，积极借鉴国际教育经验，充分利用全球优质资源，做大做强，强化内涵，才能为全面提升高等教育国际化发展奠定坚实基础。

与欧洲国家相比，中国大学的海外教育还处于起步阶段。借鉴国外大学的经验，无疑是缩小差距、探索新教育形式的最短路径。海外校区需要满足当地学生的教育需求，吸引周边国家乃至世界的学生。此外，在教学内容、教学方法、教学组织等方面，海外分支机构要适时调整，借鉴世界一流大学的经验，打造现代大学教育体系，从而激发学生的主动性和创造性，以促进中国一流大学的国际化发展。

全球高等教育市场竞争日趋激烈，这对杭州高校来说既是挑战，也是机遇。杭州的一流大学要想在高等教育市场上竞争，就必须深入分析自身的各种内外部条件，找到自己在学校管理上的优势。一方面，我国政府对高等教育国际化的支持，以及对友好邻邦的支持和帮助，为中国一流大学海外分校的设立创造了有利条件。杭州的一流大学要充分利用有利的国内外环境，抓住历史机遇。另一方面，杭州的多所高校，尤其是排名靠前的高校，经过数年的积累，部分学科领域进入世界一流学科行列，也为海外分支机构的建立和高校国际化的发展奠定了坚实的基础。同时，吸引优秀海外留学生也是建设世界一流大学的重要条件。

据联合国教科文组织统计，目前全球留学生留学人数排名前五的国家中有 4 个属于"一带一路"沿线国家，全球 60% 以上的国际学生就读于"一带一路"沿线地区,学生人数呈现稳定增长趋势。可以预见,作为全球经济发展更加活跃、人口资源更加丰富的地区,"一带一路"沿线地区未来将成为全球教育产业市场发展和竞争的重点区域。近年来,一些欧洲高校率先在"一带一路"沿线国家以大学形式设立海外分支机构,世界上外国大学较多的国家多位于"一带一路"沿线。因此,随着中国新时代教育高水平工程的开启和高等教育路线图逐步走向全球教育中心,"一带一路"倡议客观上为中国高等教育的国际化拓展和发展开辟了广阔的前景。这个新时代为探索转型中的中国高等教育国际化提供了路径和战略方向,为中国高等教育迈向全球中心、实现高等教育梦想提供了重要的历史机遇。杭州作为教育资源丰富的历史名城,也要在这方面发挥示范作用:必须从战略高度和长远角度认识跨境高等教育的重要性,积极谋划"走出去"发展战略,抢抓机遇,预先制定政策并采取科学措施。

实施"走出去"战略,要解决 4 个问题:政治支持、风险评估、大学定位和合作模式。可以选择"一带一路"沿线地区技术缺乏的职业教育领域;在重要战略合作伙伴国家、中国企业产业投资的集中区重点谋划建设区域性国际教育中心和具有一定国际培训潜力的对外合作大学,开办适当规模的国际学校;围绕产业发展和相关劳动力经济社会发展的迫切需要,探索政府与产业、教育合作的模式,提高学校的稳定性和韧性。

教育国际化已成为国际教育发展的趋势。教育国际化的本质是如何实现人的国际化,即培养适应经济全球化发展需要的国际化人才,培养和提高学生的基本素质和各种能力,使其在 21 世纪逐步成为具有竞争力的国际化人才。

中国的远程学习从 20 世纪 50 年代的远程函授学习开始,发展到 20 世纪 80 年代的广播电视大学,以及 20 世纪 90 年代以后的现代信息和网络远程学习。它经历了几十年的发展,已经取得了很多成就。如今,中国已经是拥有世界上最大的远程学习网络和接受远程学习人数最多的国家。远程教学推动了终身学习的进程，为中国的现代化建设培养了大批人才，有力地推动了中国教育事业的发展、社会经济的发展。但是，我国远程教育总体上仍处于正在发展的阶段，还存在基础设施建设不完善、课程质量不高、课程不全、师资水平低、缺乏针对性等诸多问题和不足。综合素质考核机制也不能满足新时代现代远程教育的要求。进入 21 世纪，现代远程学习已成为高等教育的重要组成部分，成为推动终身学习、建设有学习能力的社会的重要力量，这对远程学习提出了新的更高的要求。建设中国特色一流开放大学，提高远程教育水平、国际化水平已成为中国教育的战略目标之一。在中俄战略合作伙伴关系不断稳固发展的大背景下，借鉴俄罗斯远程教育的资源，对杭州的高等教育国际化发展大有裨益。

现代远程学习中开放灵活的学习机制克服了传统学术体系的局限性，提供短期和中期课程以满足服务目标的需求。这种远程学习形式为那些无法出国留学的人提供了学习机会。杭州高校要充分利用现代远程教育的特点，在健全传统学习体系的基础上，实施短期教育制度，为人才提供中短期培训，不断适应经济社会发展的迫切需要。

杭州要积极发挥远程教育对经济社会发展的促进作用，提高远程教育水平，积极发展现代远程教育，积极建设中国特色一流开放大学。同时，要与时俱进，改革创新，适应新的变化要求，不断地加强国际合作。以前沿创新理念引领实践，推动建设具有杭州特色的一流开放大学，推动国际化远程教育蓬勃发展。

在高等教育国际化方面，杭州也有很多先进的经验做法，可以尝试与欧洲合作推广，这也是一种"走出去"的国际化。俄罗斯与我国的关系密切，可以作为先期试点的国家。近年来，留学费用持续上涨，虽然杭州与国外高校合作项目数量有所增加，但公款份额仍不足以满足普通家庭的需求。欧洲高校的高昂学费和食宿费用使一些学生放弃了留学的宝贵机会。因此，在政府资助不足以支持学生继续深造的情况下，民营创业基金和教育基金的作用越来越明显。2018 年，杭州出台《关于加快推进杭州人才国际化的实施意见》，提出"全球聚才十条""开放育才六条"等创新政策。2019 年，杭州为引进海外毕业生，实施与来华留学生同项目、先安置、后就业的高等教育政策。

通过国际学习、工作和生活中的经历，留学人员具有很强的创新能力，可以成为国际化人才的重要组成部分。对于拥有众多国际大公司的杭州来说，吸引海外精英是推动城市发展的重要手段。我国目前有中国留学人才发展基金会、深圳大运留学基金会等机构。杭州有阿里巴巴集团、网易等多家大型企业，也可设立留学基金，在附加条件下，可提出工作期限等要求。这种做法不仅可以帮助很多学生实现留学梦想，还可以促进企业的发展，同时也将为杭州的城市国际化进程做出贡献，从而取得良好的效果。

杭州的国际化发展步伐很快。杭州市政府自 2008 年正式提出城市国际化发展战略以来，2012 年便将城市国际化和城市一体化作为政府工作的重点。2016 年承办 G20 峰会，是杭州城市国际化的良好实践机遇。当前，杭州正抓住后 G20 时代、2022 年亚运会等重大机遇，全面加强城市国际化建设。

杭州的高校在教学科研实践中积极拓展国际交流与合作。杭州在联合办学的大学数量方面在浙江省排名前列，浙江大学、浙江工商大学、浙江外国语学院等学校开设了双语课程，但这些高校的国际学生与本地学生之间的交流很少。

据 21 世纪教育研究院副院长熊丙奇介绍，目前高校留学生管理政策已经无法适应留学生人数的快速增长。将留学生作为相对应的特定群体来对待的做法在之前缺乏开放性和国际化程度低的背景下具有实际意义。但是，随着留学生人数的增长和国际化程度的不断提高，这种管理方式已不再适合新形势，即高校留学生管理滞后。因此，有必要制订专门的计划来确保或促进国际学生的本地参与，以参与当地社区的学习活动和生活。此外，要为因各种原因不能出国留学的"原住民"学生提供必要的多元文化氛围和跨文化交流条件。例如，考虑让本国学生和其他国家的学生住在一起，为外国学生和本国学生组织额外的外语语言文学课程，定期组织文化交流，创建国际协会等，人为地增加彼此之间的接触次数。组织聚会或尝试创造"无国界"的生活环境，以达到中国学生敢于与外国学生互动，实现外国学生与中国学生无障碍互动的目标。

英语口语不佳是沟通困难的另一个主要原因。语言是沟通的桥梁，流利的英语口语在中国学生与外国学生的交流中起着重要作用。目前，杭州的大学为保证英语四级和六级通过的学生人数，为非英语学生开设的课程多以阅读和写作为主，课堂上讲英语的机会较少。此外，由于进入大学后对专业课程的重视程度较高，学生完成英语课的情况参差不齐，因此学生课后用英语交流的意愿较低。

俄罗斯是典型的非英语欧洲国家，但是俄罗斯高校大学生的英语口语交际能力和跨文化交际能力很强。由于英语是通用语言，掌握英语是跨文化能力最重要的要素之一，俄罗斯社会也对学生的外语沟通能力、跨文化能力提出了更高的要求，这也印证了外语综合能力的重要性。因此，杭州要提高国际化水平，高校教育者应在教学过程中加强大学生英语口语和跨文化交际的学习能力，并应采取适当的教学策略，着力发展学生的这些能力。

第 十 三 章
提高杭州基础设施国际化水平

第一节 吸引国际高端人才的"类海外生活"

随着城市国际化进程的发展，浙江省必须把自己打造为具有国际竞争力的开放型市场，推进面向国际的商业合作模式，促进国际科技协同和产业创新合作，将浙江逐步发展为国际化的科技企业和人才宜居宜产的乐园，发展成为国际科技协同和产业合作发展的示范区，发展成为万物智联产业链（包括移动互联网、智能终端、工业制造、工业互联网、物联网等多项产业）的基地，发展成为中国新一代自由贸易区制度先行地，发展成为亚洲乃至全球新科技产业模式和智慧城市生活的桥头堡和试验田。

我们可以看到，在这一方面，德国城市杜塞尔多夫打造的以商业国际化为导向的国际化日本社群走在了世界前列。杜塞尔多夫是日本人在德国聚集人数排名第一的城市，其日本人社区目前是仅次于伦敦和巴黎的社区的欧洲第三大社区。仅在杜塞尔多夫，就居住着约 8400 名日本人，在整个北威州约有 14800 名日本人。在整个北威州，有 620 多家日本公司在运营，其中约 400 家在州首府杜塞尔多夫；截至 2019 年 4 月，日本公司在北威州的雇员约有 52600 名。在德国，有四分之一的日本人居住在杜塞尔多夫，很大一部分原因是生产密集型公司多数在杜塞尔多夫"定居"。杜塞尔多夫市政府的各种举措为过去 60 年来日本商人来到这里创业和安居乐业铺平了道路。他们的家人跟随商人来到这里生活，并逐渐发展出一种典型的日本化的基础设施，如零售、银行、医生、书商、货运代理、保险公司、日本商会和日本领事馆等，建立了包括日语幼儿园在内的多种多样的日语学校。所有这些举措使杜塞尔多夫成为莱茵河上的"日本首都"。日本公司的进驻大大加速了杜塞尔多夫的国际化进程，带来了大量的日本资本和技术，并且为当地的经济发展注入了强心剂，同时为本地居民提供了大量的就业岗位。经过几十年的共同经营，杜塞尔多夫在推进城市国际化方面已经成为一个成功的样本。杜塞尔多夫针对日本社群的很多成功做法为杭州实现城市国际化提供了参考。

通过借鉴杜塞尔多夫日本社群的案例，我们可以看到，城市商业国际化过程中最重要的环节是增强对海外高端人才的吸引力，留住海外高端人才，让海外高端人才在新的国家和城市有家乡归属感，愿意长期居留、生活发展。为达到这一目的，需要在城市建设方面注重两个方面，实现双头并进：打造良好的"国际化生活环境"及建设新型的"智慧型城市服务体系"。也就是说，在社会管理和生活形态方面与国际接轨，同时实现智慧化的城市服务体系。这两点对于吸引外资企业来浙发展来说，扮演着至关重要的角色。

为做到以上两个要点，城市软件建设方面要求实现绿色化、人文化、社群化；城市硬件建设方面要求建设"智慧型城市"体系等。

城市软件建设绿色化，指的是城市建设之初就应做好"中央绿肺"地带和其他绿化生活带的规划工作，城市建设的方方面面做到环境友好和资源友好，鼓励使用环保材料、清洁能源，鼓励发展先进的绿色居住和工作理念，确保居住人员能够享有充分的绿色用地，提高居民休闲、娱乐和居住的满意度。

城市软件建设人文化，指的是城市建设应注意公共福利和生活设施的配套建设，既包括利用医疗、教育、商业、生态和文化机构，也包括建设一批社区内部的相应设施，充分满足海外人才和工作人员的居住、人文需求；同时对外国文化持一种开放而包容的态度，鼓励和倡导文化多元化，开展文化节、文化主题日等国际化活动，展现出开放友好的态度。

城市软件建设社群化，指的是向海外社区学习，实施制度创新，鼓励民间自发组织的科研、商业和生活互助机构解决多语言、多国籍和多元文化人群共同生活的问题，营造和谐、友善的共同生活氛围，帮助海外人才尽快融入社区生活。

城市硬件建设方面建设"智慧型城市"体系，指的是考虑到数字生活的软硬件服务标准，推动移动互联网线上线下服务的贯通，实现公共服务的便捷化和智能化。例如，搭建线上公共服务平台，开辟线上线下相结合的公共服务平台；探索智慧家居与数字技术相结合的方式，建设安全、先进的智能化社区与街区；完善相应的法律制度规范，建设有效维护数据安全和保护个人隐私的数据社会管理体系。

在具体的政策扶植之下，杭州市可以考虑在城市中建成 5G 时代宜居宜业的"类海外"环境未来板块，将此作为试点，建设改革开放 2.0 版本的自由贸易区新高地。在实现上述"类海外生活"的基础之上，政府应该扩大招商引资的力度，引进国内外专业运营机构，开展招商工作，制定落实有竞争力的招商政策体系、招商项目落地奖励、科技创新、融资、人才落户等支持政策，顺利完成招商任务，吸引高精尖企业落地，促进企业壮大。在经过一段时间的努力后，我们将看到浙江及杭州的城市国际化进程走在世界前列，杭州成为新兴产业发展壮大的试验田及国际化深度合作的示范点。

第二节　推动杭州铁路交通国际化建设

交通是一个国家和地区发展程度的深刻体现，而铁路的建设对于一个城市的国际化发展而言也是至关重要的。杭州是我国东南地区重要的交通枢纽，但随着近几年的交通压力变大，杭州交通国际化面临的困难与挑战也加大了。德国是欧洲经济强国，也是世界上交通网络较为发达的国家之一。以柏林为例，柏林中央火车站是欧洲最大、最现代化的火车站，该车站从各方面都可以为杭州的交通建设提供宝贵的经验和建议。

柏林中央火车站经过大约 11 年的建设，投入了大约 100 亿欧元，于 2006 年 5 月 28 日开放。东西方向运行的 321 米长的轻轨玻璃大厅与南北方向运行的 160 米长、40 米宽的车站大厅相交，形成一个整体，也成了这个曾被东西割据的城市的一个新象征。拱形的中央屋顶使车站显得精致而宽敞，高处的平台充满了日光，在各个楼层的天花板上也均设有大开口系统，使日光可以到达较低的轨道，也使人们对整个火车站的空间有了良好的认知。内部有两个主要的铁路交通楼层及商务楼层，同时还拥有 15000 平方米的购物商场和 44000 平方米的办公空间。

柏林中央火车站成功的原因可以归结为以下 3 个方面。

一是建筑结构与设计十分巧妙，巧妙利用力学。有关资料显示，柏林中央火车站的站台最低位处于地下 15 米，为减轻地下水压造成的伤害，设计师通过精准的力学计算，使设计的办公楼的重量和地下水压持平，这样的设计大大延长了地基的寿命。

玻璃大厅算是柏林中央火车站的最大特点，它使乘客处于一个巨大的玻璃房内。玻璃表面附有防辐射材料，即使是烈日当头，乘客也不会觉得炎热，下雨了也能为乘客遮风挡雨，同时还具有采光的作用，增大了通透性，起到了引导作用，乘客可以便捷地甚至"零距离"换乘，大大节约了时间。另外，这样一个玻璃建筑也为其本身节约了不少能源，玻璃天顶上安装有 3500 平方米的太阳能电池，这是全柏林规模最大的太阳能发电装备。

二是安全性能高。除了采用无渣轨道和列车运行时会对地基和周围楼体减少影响的减震层之外，还采用上文所提及的玻璃大厅。因为其采光良好，乘客若是遇到什么危险，能清楚地看到疏散标志逃生，可见设计师在安全方面考虑十分周密。同时还设置了消防系统和监控设备，在保证车站秩序的同时，也能使乘客在意外发生时得到及时救助。看似美观的火车站，实际上每一处设计都是为了乘客的安全着想。

三是基础设施完善。中央火车站完美地将交通运输和购物娱乐结合起来，车站结构清晰分明，很大程度上避免了人流过大时造成拥堵等弊端；中间的三层是"购物世界"，为旅客提供了购物和休闲场所，让人们在候车过程中可以消遣。同时德国联邦铁路在中央火车站提供 30 分钟免费 WiFi 服务。另外，考虑到残疾人士和老年人群，车站内还配备了无障碍电梯，能够满足所有使用者的需求。

杭州的铁路建设可以说是走在国内的前列，同时仍可以借鉴国外先进经验，进行一定的完善和提升。

一是提高舒适度。交通出行渗透在人们生活的方方面面，所以它很能体现一个城市的幸福感，尤其是火车站及机场等外来人员流动率极高的地方，更需要考虑到来自不同地区和国家的乘客的舒适程度。借鉴柏林中央火车站的经验，可以在火车站等地建设适当的购物和休闲场所，将交通运输和购物娱乐结合起来，让人们在候车过程中能有机会去消遣，在下车后也能够快速找到场所以缓解坐车的疲惫。

二是注重人性化设计。在各类交通设施上提供双语播报和相关的双语地图与指示牌，便于国际友人在杭州乘坐交通工具。乘客可以便捷地换乘，这也能缓解火车站拥挤的现状。乘客遇到危险时能够清楚地看到疏散标志逃生。另外，借鉴柏林中央火车站，可以在车站内配备无障碍电梯，将电梯按钮设置到合适高度，并配有盲文和语音提示，满足特殊人群的需求。

三是完善交通系统，增加交通运输线。交通的国际化是推动城市国际化的重要动力，而交通不局限在一城之间，也不局限于一国之内，更能扩大到国与国、洲与洲之间。完善杭州的交通系统，扩大杭州的交通承载量，增加交通路线，才能让杭州有更多的机会与各国进行经济、文化等方面的交流。

参考文献

中文文献

[1] 海外财富网 . GaWC 发布 2018 世界城市排名：中国 11 城市入百强，北京首进四强 [EB/OL].（2018-11-15）[2021-10-11]. https://www.sohu.com/a/275582056_457587.

[2] 柏舟 . 城市国际化与杭州市外语实力发展战略 [J]. 现代城市，2009（3）：69-73.

[3] 包海娟 . 定位城市国际化　扬长补短　提升杭州城市规划建设管理水平 [J]. 环球市场信息导报，2017（20）：26-29.

[4] 陈建军 . 杭州推进城市国际化顶层设计的若干思考 [J]. 浙江经济，2016（20）：10-11.

[5] 董宇澜，张蕾，陈涛 . 杭州城市品牌战略的大数据分析 [J]. 宏观经济管理，2018（7）：79-85.

[6] 方秀云 . 城市国际化的挑战与杭州的应对策略 [J]. 城市发展研究，2010（3）：22-27.

[7] 付非，赵迎欢 . 企业社会责任、员工组织认同与员工创新行为：企业能力的调节作用 [J]. 技术经济与管理研究，2017（12）：37-41.

[8] 杭州市城市国际化促进条例 [N]. 杭州日报，2018-06-21（A6）.

[9] 杭州市发展和改革委员会，杭州师范大学 . 杭州城市国际化发展报告（2017）[M]. 北京：人民出版社，2018.

[10] 杭州市发展和改革委员会课题组 . 城市国际化示范区评定标准研

究：以杭州为例 [J]. 中国标准化，2021（3）：122-126.

[11] 金元浦 . 北京建设中国特色的世界城市发展之路研究 [J]. 城市观察，2011
（2）：113-121.

[12] 李俊，张鲁丹 . 城市国际化评价指标和建设路径研究：以杭州为例 [J]. 上
海管理科学，2017（4）：110-115.

[13] 李思思 . 探讨城市国际化的分析方法 [J]. 经济师，2019（2）：28-29.

[14] 林卡，王丽铮 . 城市国际化指标体系研究 [J]. 浙江社会科学，2019（12）：
81-86.

[15] 刘伟，吴洁琳 . 基于谷歌趋势数据的全球城市网络特征研究 [G] // 中国城
市规划学会 . 活力城乡　美好人居：2019 中国城市规划年会论文集 . 北京：
中国建筑工业出版社，2019：1238-1248.

[16] 刘德生，王燕 . 关于内陆中心城市国际化问题的思考 [J]. 东北亚论坛，
1993（3）：83-87.

[17] 刘天 . 走杭州特色的国际化之路 [J]. 杭州，2019（33）：20-22.

[18] 潘琳，裴佳敏 . 对杭州加快集聚国际组织的思考和建议 [J]. 杭州，2019
（16）：54-55.

[19] 任远 . 吸引国际组织入驻是城市国际化的突破口：以杭州为例 [J]. 浙江经
济，2017（14）：60.

[20] 孙颖，王胜楠 . 善用 G20 峰会资源　助力杭州城市国际化 [J]. 政策瞭望，
2017（3）：36-38.

[21] 谭燮良，郭玉虎，王义伟，等 . 提升杭州城市国际化水平的重点领域 [J].
浙江经济，2007（11）：44-46.

[22] 唐婧 . 如何提升外籍人士视角下的杭州城市国际化水平 [J]. 杭州，2020
（21）：48-49.

[23] 吴可人 . 后 G20 时代提升杭州城市核心竞争力研究 [J]. 统计科学与实践，
2016（11）：14-17.

[24] 吴可人 . 提升杭州城市国际化水平分析与对策 [J]. 浙江树人大学学报（人

文社会科学版），2008（4）：64-69.

[25] 吴明华，金育强，刘亚云 . "体育赛事营销"理念与区域性中心城市国际化路径选择：以长沙为例 [J]. 北京体育大学学报，2012，35（4）：26-29.

[26] 吴伟，代琦 . 国外城市品牌定位方法述要 [J]. 城市问题，2010（4）：89-95.

[27] 吴洁 . 城市现代化与国际化程度评价指标体系的研究 [J]. 武汉城市建设学院学报（社会科学版），2000（2）：25-29.

[28] 徐国伟，汪萌萌，陈小国，等 . 杭州城市国际化水平评价 [J]. 杭州，2019（30）：38-40.

[29] 薛德升，黄鹤绵 . 关于世界城市研究的两场争论及其对相关研究的影响 [J]. 地理科学进展，2013（8），1177-1186.

[30] 杨灵灵，刘军 . 城市国际化水平的评价与比较研究：以杭州市为例 [J]. 经济视角，2020（6）：36-47.

[31] 叶显晶 . 杭州城市国际化突破的方向探析 [J]. 统计科学与实践，2019（4）：24-27.

[32] 张卫良 . "城市国际化"与杭州的跨越式发展 [J]. 杭州，2016（14）：22-23.

[33] 张叶 . 从国际大都市视角看杭州国际化发展 [J]. 浙江经济，2019（4）：50-51.

[34] 赵一德 . 干在实处　走在前列　勇立潮头　为加快建设独特韵味别样精彩世界名称而奋斗 [N]. 杭州日报，2017-03-01（1）.

[35] 郑德高，朱郁郁，陈阳，等 . 上海大都市圈的圈层结构与功能网络研究 [J]. 城市规划学刊，2017（5）：63-71.

[36] 郑齐明，郭俊 . "后峰会、前亚运"时期杭州会展业发展构想 [J]. 浙江经济，2017（5）：58.

[37] 周歆华，姜立嫚，鲁鹏，等 . 杭州市标准国际化发展策略研究 [J]. 中国标准化，2020（13）：62-66.

[38] 周膺 . 杭州市推进城市国际化的问题与对策 [J]. 杭州研究，2008（4）：19.

外文文献

[1] Agrosalón Nitra [EB/OL]. [2020-08-30]. https://www.agrokomplex.sk/en/vystavy/agrosalon.

[2] Berlin Hauptbahnhof [EB/OL]. [2021-05-03]. https://www.bahnhof.de/bahnhof-de/bahnhof/Berlin-Hauptbahnhof-1029794.

[3] BRANDENBURG U, DE W H. The End of Internationalization[J]. International Higher Education, 2011（62）：15-17.

[4] CLÁUDIA B. Porto e Norte unem-se para criar Rota dos Vinhos e do Enoturismo [EB/OL]. [2021-08-10]. https://www.porto.pt/pt/noticia/porto-e-norte-unem-se-para-criar-rota-dos-vinhos-e-do-enoturismo.

[5] Copenhagen [EB/OL]. [2020-08-30]. https://en.wikipedia.org/wiki/Copenhagen.

[6] DE W H. Internationalization of Higher Education：Nine Misconceptions[J]. International Higher Education, 2011（64）：6-7.

[7] Düsseldorf Regierung[EB/OL]. [2021-07-15]. www.duesseldorf.de/wirtschaftsfoer-derung.

[8] Fundusze europejskie w Warszawie [EB/OL]. [2021-03-15]. https://www.funduszedlamazowsza.eu/aktualnosci/fundusze-europejskie-w-warszawie/.

[9] Global Cities Index [EB/OL]. [2021-03-15]. https://www.schroders.com/en/schrodersglobalcities/ blog/global-cities-index/.

[10] Globalization and World Cities [EB/OL]. [2021-03-07]. https://www.lboro.ac.uk/gawc/.

[11] Green-Oslo plan [EB/OL]. [2021-03-15]. https://www.oslo.kommune.no/

politics-and-administration/green-oslo/plans-and-programmes/urban-ecology-programme-2011-2026/.

[12] Helsinki [EB/OL]. [2020-08-30]. https://en.wikipedia.org/wiki/Helsinki.

[13] Higher Education in a Globalized Society. UNESCO Education Position Paper[R]. UNESCO, 2014.

[14] KNIGHT J. Five Myths about Internationalization[J]. International Higher Education, 2011（62）: 14-15.

[15] L'action internationale de la Ville de Paris [EB/OL]. [2020-03-15]. https://www.paris.fr/pages/paris-a-l-international-2433.

[16] Le Projet du Grand Paris [EB/OL]. [2020-03-15]. http://www.grand-paris.jll.fr/fr/paris/economie/.

[17] Les tribunes ONLYLYON [EB/OL]. [2020-03-20]. http://www.onlylyon.com/onlylyon/la-demarche.html.

[18] Lisboa [EB/OL]. [2021-05-20]. https://pt.wikipedia.org/wiki/Lisboa.

[19] Lyon, une métropole résolument co-intelligente [EB/OL]. [2020-03-20]. http://www.economie.grandlyon.com/smart-city-lyon-metropole-intelligente-47.html.

[20] Lyon dans les classements [EB/OL]. [2020-03-20]. https://www.aderly.fr/lyon-dans-les-classements/.

[21] Medzinárodný poľnohospodársky a potravinársky veľtrh（Nitra）[EB/OL]. [2021-03-15]. https://www.mpsr.sk/.

[22] Métropole intelligente, La Métropole de Lyon [EB/OL]. [2020-03-20]. https://www.grandlyon.com/projets/metropole-intelligente.html.

[23] Mezinárodní hudební festival Pražské jaro [EB/OL]. [2021-03-15]. https://festival.cz/en/.

[24] Miasta historyczne 3.0 – konferencja w ICE Kraków [EB/OL]. [2020-08-30]. https://www.krakow.pl/aktualnosci/218154,29,komunikat,_miasta_historyczne_3_0__-_konferencja_w_ice_krakow.html.

[25] Národní galerie praha [EB/OL]. [2020-08-30]. https://www.ngprague.cz/.

[26] Partenariats internationaux, La Métropole de Lyon [EB/OL]. [2020-03-20]. http://www.economie.grandlyon.com/tous-les-partenariats-internationaux-villes.html.

[27] Qu'est-ce que le projet du Grand Paris? [EB/OL]. [2020-03-15]. http://www.grand-paris.jll.fr/fr/projet-grand-paris/presentation-generale/.

[28] Relations internationals, La Métropole de Lyon [EB/OL]. [2020-03-20]. https://www.grandlyon.com/metropole/relations-internationales.html.

[29] Stadtpotal Nürnberg [EB/OL]. [2021-05-02]. https://www.nuernberg.de/internet/stadtportal/index.html.

[30] Strategia Rozwoju Miasta Katowice [EB/OL]. [2021-03-15]. https://www.katowice.eu/Strony/Strategia-Rozwoju-Miasta-Katowice-2020-.aspx.

[31] Svět knihy Praha [EB/OL]. [2021-03-15]. https://www.svetknihy.cz/.

[32] Une capitale économique internationale [EB/OL]. [2020-03-15]. https://www.paris.fr/pages/une-capitale-economique-internationale-6424#des-resultats-remarques.

[33] Urbanismo no Porto [EB/OL]. [2021-05-03]. https://www.cm-porto.pt/urbanismo/urbanismo.

[34] Urząd Miasta Poznania, zmiany dla Poznania [EB/OL]. [2020-08-30]. https://www.poznan.pl/mim/main/-,p,40406,40590.html.

[35] Veletrhy Brno [EB/OL]. [2020-10-20]. https://m.bvv.cz/.

[36] Warszawa2030 Strategia [EB/OL]. [2021-03-20]. http://2030.um.warszawa.pl/wp-content/uploads/2018/06/Strategia-Warszawa2030-final.pdf.

[37] World of Wine [EB/OL]. [2021-08-10]. https://wow.pt/pt/.

[38] Země Živitelka [EB/OL]. [2021-03-15]. https://www.zemezivitelka.cz/.

[39] АБДУЛКЕРИМОВ И З. Факторы и условия развития интеграционных процессов на рынке образовательных услуг [А] // Региональные проблемы

преобразования экономики [C]. 2011，2（28）：286-292.

[40] АНПИЛОВА Е С, БОНДАРЕВ М Г. Интернационализация высшего образования в России：кейс Южного федерального университета [A] // Вестник Воронежского государственного университета. Серия：Проблемы высшего образования [C]. 2018（3）：80-87.

[41] ДУДАРЕВА Н А. Интернационализация российской системы высшего образования：экспорт образовательных услуг[J]. Вестник ИГЭУ, 2010（1）：1-5.

[42] ИНОЗЕМЦЕВА К М. Интернационализация высшего профессионального образования в России：языковая политика[J]. Высшее образование в России, 2014（5）：145-152.

[43] КОНЦЕПЦИЯ Н. научно-технической и инновационной политики в системе образования Российской Федерации до 2015 года [EB/OL]. [2021-03-15]. http://www.bestpravo.ru/rossijskoje/do-dokumenty/r9g.htm.

[44] О мерах по реализации государственной политики в области образования и науки: Указ Президента РФ от 7 мая 2012 года[EB/OL]. [2020-10-20]. https://base.garant.ru/70170946/.

[45] ФАТХУЛЛИНА Л З, ГУРЬЯНОВА Т Н. Интернационализация российского высшего образования：проблемы и перспективы [J]. Вестник Казанского технологического университета, 2014（14）：482-485.

[46] Численность населения Российской Федерации по муниципальным образованиям на 1 января 2019 года. Таблица «21. Численность населения городов и пгт по федеральным округам и субъектам Российской Федерации на 1 января 2019 года»（RAR-архив（1,0 Мб）. Федеральная служба государственной статистики [EB/OL]. [2021-03-22]. http://www.gks.ru/free_doc/doc_2019/bul_dr/mun_obr2019.rar.